Servizo de Publicacións
Universida_{de}Vigo

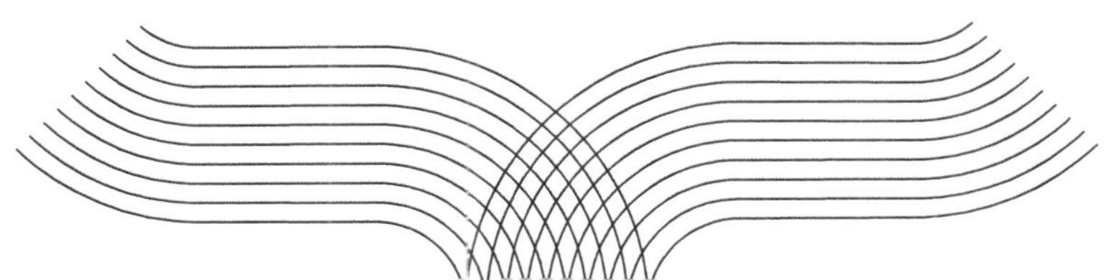

Ni pocas ni cobardes

Monólogos nuevos para
voces de otro tiempo

Edición
Universidade de Vigo
Servizo de Publicacións
Rúa de Leonardo da Vinci, s/n
36310 Vigo

Deseño gráfico
Laura Antelo
Tania Sueiro
Área de Imaxe
Vicerreitoría de Comunicacións e Relacións Institucionais

Imaxe da portada
Adobe stock

Maquetación e impresión
Tórculo Comunicación Gráfica, S. A.

ISBN (Libro impreso)
978-84-1188-023-7

Depósito legal
VG 417-2024

Ao ser esta editorial membro da **une**, garántense a
difusión e a comercialización das súas publicacións no ámbito
nacional e internacional.

Ni pocas ni cobardes

Monólogos nuevos para voces de otro tiempo

Autoras y autores literarios

Alba María Gallego Pérez
Ana Laura Puentes Ferrín
Cloe Guigoures Valebona
Daniel Eirecs Quinteiro
Enzo Sarmiento Soto
Francisco Alfaro Mora
Isabella Valentina Díaz Blanco
José Troncoso Recio
Lucía Álvarez Martínez
María Sonia Cruz Pérez
María Vila Tarela
Miryam Lapeña Otero

Coordinadora
Montserrat Fibac Pereira

Índice

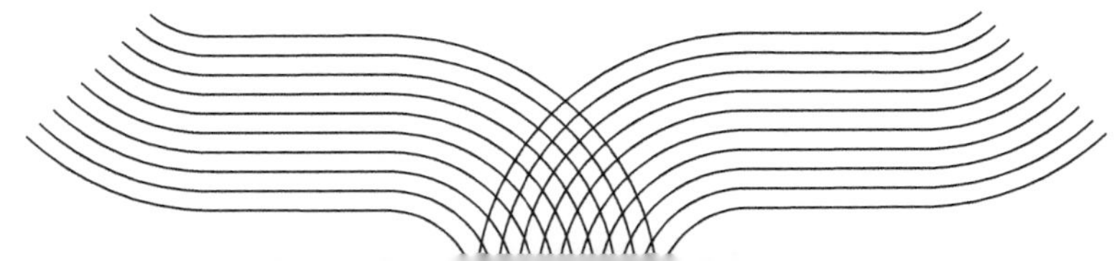

Presentación
EN LA SENDA DE LA REESCRITURA O LA LITERATURA EN SEGUNDO GRADO

Montserrat Ribao Pereira

Editora

Este volumen no es un compendio de textos de creación al uso, sino, en la línea abordada por Raymond Queneau, doce ejercicios de estilo que plasman la íntima relación entre la teoría literaria y la práctica de la escritura, además de la convergencia —posible y siempre enriquecedora— de la investigación y la innovación docente[1].

Durante los cursos 2021/2022 y 2022/2023 impartí la materia *Prácticas textuales. Escritura dramática* en el Grado en Ciencias del Lenguaje y Estudios Literarios, de la Universidad de Vigo. En ella llevamos a cabo un proyecto de reescritura en clave teatral, orientado al desarrollo de competencias esenciales en nuestro ámbito, como la capacidad de reflexión sobre el hecho literario, el sentido crítico, la valorización de la tradición cultural, la reivindicación de los títulos colocados en los márgenes del canon y el cultivo de la expresión escrita en las diferentes manifestaciones que los contextos, académico y de creación, determinan.

Tras un trabajo teórico, de estudio de la tipología de los monólogos, la fábula, los caracteres y el pensamiento de la teoría aristotélica, la verosimilitud, la estructuración dramática…, iniciamos la redacción individual de un texto encuadrado en unas coordenadas temáticas muy concretas. El eje común de todas las creaciones fueron los personajes femeninos mencionados en la más antigua poesía cancioneril castellana conservada, un número, no menor, de mujeres evocadas o aludidas por los poetas cortesanos de finales del siglo XIV y principios del XV. Entre ellas, son bien conocidas las reinas, las infantas o las nobles a las que se dedican las composiciones, pero

---

1 Este libro se inscribe en el ámbito de la innovación docente del grupo ALITES (Actualización en literatura española) de la Universidad de Vigo y deriva de la investigación al amparo del proyecto de I+D+I «Entorno cortesano y orígenes de la poesía de cancionero: creación, difusión y pervivencias» (referencia: PID2022-136346NB-I00), financiado por MCIU / AEI / 10.13039 / 501100011033 / y FEDER, UE.

nada o muy poco se sabe de las demás, mujeres anónimas en muchos casos, que han sido objeto de trabajo en varios proyectos de investigación en los que me integro y que, al amparo de los mismos, hemos individualizado y repertoriado (seguimos haciéndolo) en la sala MULIER de la biblioteca digital TECER, que coordino[2].

Diferentes voces de MULIER, bien con su impronta en la historia de Castilla y Aragón, bien con la invisibilidad de que las ha revestido tanto su humilde condición y el paso de los siglos como el hecho de ser mujeres, han sido el punto de partida para los ejercicios de estilo que ha llevado a cabo el alumnado de *Escritura dramática*, que les ha dado voz en primera persona para expresar, desde la perspectiva del siglo XXI, las inquietudes y las reivindicaciones de quienes fueron materia literaria hace ya más de seiscientos años.

Los monólogos de este libro son palimpsestos genettianos, literatura en segundo grado tras la que se descubre el entramado sutil de las reescrituras que, desde el medievo mismo, han dado consistencia literaria a los personajes históricos o anónimos que se aluden. Cada una de sus autoras y autores, en el presente académico y docente en el que surge esta propuesta, como los novelistas y los dramaturgos que aún hoy acuden a idéntica temática en sus obras de creación[3], encuentran en el personaje elegido para protagonizar sus textos un hilo magnético de atracción mutua. Han llamado la atención, especialmente, las mujeres-reinas (Catalina de Lancaster, reina de Castilla; Leonor de Alburquerque, reina de Aragón) y las reinas-mujeres (María de Castilla, reina de Aragón; Juana Manuel, reina de Castilla); damas llegadas de lejanos países y pasados inciertos (Angelina de Grecia); una juglaresa musulmana y pobre (la juglara Rosa); diferentes mujeres del mismo nombre (Catalina) o bien maliciosamente señaladas con su apellido (Constanza Frisoa), objeto de burlas en los juegos poéticos que desarrollan distintos poetas; una influyente intelectual en la Sevilla de su tiempo (la abadesa de San Clemente) y una reconocida poeta de la que no se han conservado sus versos, pero sí los testimonios de renombrados autores que se refieren a ella con admiración (Isabel González). De todas se han rescatado los rasgos esenciales que la historia o la poesía nos permiten conocer y, desde tantas perspectivas como monólogos, se han convertido en cajeras de hipermercado, cantantes que despuntan, escritoras que sufren agorafobia, consultoras de relaciones personales, empresarias aguerridas, maestras infelices en los felices 20 del siglo pasado, profesoras en las brumosas tierras del norte y terratenientes en el lejano oeste, pero también en ecos llegados del futuro al pasado mitológico, en

---

2 La sala *MULIER, nombres de mujer en la poesía tardomedieval castellana* (https://te-cer.es/listado-mulier/) forma parte de la Biblioteca Digital TECER (https://te-cer.es/).

3 Véase al final de este volumen un listado de los títulos actuales protagonizados por algunas de las mujeres que reescriben estos monólogos.

juegos literarios y de identidad. No son pocas ni, desde luego, demuestran cobardía en lo que dicen o hacen. Estas son sus historias; y también las de sus autoras y autores, a los que Sancha, Catalina, Constanza, Isabel, Leonor, María, Angelina, Rosa... han elegido para seguir vivas.

VOCES DE MUJER QUE HABLAN DESDE LA ATALAYA DE SU TIEMPO

Montserrat Ribao Pereira

Universidade de Vigo

Los doce monólogos que se reúnen en este volumen dan voz a diez mujeres diferentes, mencionadas o aludidas, todas ellas, en los versos del *Cancionero de Baena*.

Dos de las damas más poderosas de su tiempo, Catalina de Lancaster, reina de Castilla, y su cuñada Leonor de Alburquerque, reina de Aragón, se desvisten en estos textos del manto regio que la literatura y la historia colocan sobre sus hombros y se presentan ante el receptor como mujeres que ansían, por encima de cualquier otra prebenda, ser dueñas de sus propios destinos. Así, la protagonista de "Yo no soy Catalina de Lancaster" es una importante empresaria de ascendencia británica, que imparte conferencias motivadoras en foros académicos y profesionales. A partir de su experiencia y fracasos personales, anima a las jóvenes universitarias a tomar conciencia de su valía y las conmina a la conquista de una voz propia y libre

"Leonor y no de Alburquerque", por su parte, lleva a escena a una profesora extremeña que huye de sus orígenes y se refugia en la Costa da Morte gallega, donde encuentra la felicidad en el anonimato, en la fuerza telúrica de la tierra y en el fragor del mar embravecido. Realidad y realismo mágico galaico se dan la mano en este monólogo de castillos medievales e institutos de enseñanza secundaria, de ricos brocados y gafas para ver de cerca, en los que la *Ricahembra* protagonista aspira solo a vivir y morir al ritmo de las mareas vivas.

En otros textos, sin embargo, los personajes reescriben aspectos concretos de relevantes reinas peninsulares de la Baja Edad Media en las que su condición de mujer es observada, desde el siglo XXI, como subsidiaria de su poder e influencia pública. Este es el caso de "Solo María", construido a partir de María de Castilla, hija de Catalina de Lancaster y reina de Aragón por su matrimonio con Alfonso V. El objetivo del texto es mostrar, frente a la exaltación de que es objeto en la poesía del *Cancionero*, el lado vulnerable de una mujer poderosa y sola, sus debilidades y contradicciones. Se la presenta apesadumbrada, alejada de su familia, enfrentada a quienes dudan de sus dotes de mando... Intenta rebelarse, aparta apenas sus pasos del camino aprendido, pero vuelve a la senda que marcan la tradición y sus mayores sin encontrar consuelo en la disensión. Su último refugio es la fe, la religión, la escucha callada de su confesor, la soledad a la que convierte en su aliada cuando decide no luchar más.

Bien diferente es el tono de otro de estos monólogos en los que triunfa el instinto de poder y el deber aprendido, en la defensa, por encima de cualquier otro asunto, de los intereses familiares. "La negociadora" traslada al siglo XIX y a los Estados Unidos de América la acción que protagoniza Joanna Mary Clemens de Smith & Wesson, supuesta hija del escritor Mark Twain (Samuel L. Clemens), que resulta de la reescritura de Juana Manuel, esposa de Enrique II e hija del célebre autor de *El conde Lucanor*, don Juan Manuel. Doña Juana, que contrae matrimonio con el conde de Trastámara, uno de los hijos bastardos de Alfonso XI con Leonor de Guzmán, se convierte en reina de Castilla tras el fratricidio de Montiel y la muerte del rey Cruel a manos de su medio hermano Enrique. Sobre ella se diseña la peripecia de Joanna, que vive en el oeste americano y está casada con un terrateniente, Henry, hijo de una poderosa familia enfrentada con su pariente Peter (trasunto de Pedro I) por el control de unas tierras. Es astuta, de pensamiento rápido y resolutiva, defiende los intereses de su familia política y los suyos propios, al tiempo que, como su homónima medieval, es consciente de su propio poder y lo ejerce en la toma de decisiones arriesgadas y de éxito.

Solo dos damas acompañan a las reinas de Castilla y Aragón en la reescritura dramática que este conjunto de monólogos propone. A una de ellas, Isabel González, me refiero más adelante. La segunda es Angelina de Grecia, pretendida hija del príncipe Juan de Hungría y rehén de Bayaceto. Permanece en el harén del sultán hasta que este es vencido por Tamorlán, quien, a su vez, la ofrece a los embajadores de Enrique III de Castilla como presente para el monarca. Tras una larga travesía, llega a la península y es objeto de atención poética en el *Cancionero*. El monólogo "Recuérdame" convierte a Angelina en el eco, *ad futurum*, de Casandra, la sacerdotisa de Apolo capaz de oír el porvenir, maldita por el dios y condenada por este a no ser creída nunca. La troyana se identifica parcialmente con la dama medieval: ambas son incomprendidas, abandonadas por sus dioses respectivos, esclavizadas, regaladas por y para hombres de poder, obligadas a viajar por mares procelosos hacia destinos sin esperanza. Casandra sabe que su fin está próximo y pide a Angelina, de la que percibe su tristeza muchos siglos más tarde, que pronuncie su nombre. Como veremos en "Isa frente al espejo", en "Catalina" y en "¿Quién es Constanza Frisoa?", la palabra se reivindica como fuerza creadora, el más poderoso instrumento de reconocimiento, un arma, en definitiva, contra el olvido.

Junto a las reinas y damas han resultado muy atractivas para los autores y autoras de estos monólogos algunas de las mujeres que son objeto de burla y escarnio en el

Cancionero de Baena. La escasísima luz que los textos poéticos arrojan sobre ellas motiva, incluso, textos de carácter reflexivo y metaliterario. "¿Quién es Constanza?" lleva a escena a Constanza Frisca, de quien la loa exagerada por parte de Ferrán Pérez de Guzmán desencadena las burlas de otros poetas. La protagonista expresa su sentido de la realidad a partir de la asunción de su propia naturaleza literaria, de la que toma distancia para amonestar a su creador y advertirle sobre los riesgos que asume frente a sus propias criaturas. También "Catalina" es una reflexión en voz alta sobre la identidad que se forja a través de las palabras, de los nombres propios en este caso, que marcan, determinan, describen e invocan. "¡Ay, la palabra! Qué eterna compañera y falsa amiga". Quien así se expresa es una nueva Catalina, tejida sobre el cañamazo de la alcahueta de Villasandino, que trasciende sus versos y remite a todas las Catalinas de ayer y de hoy, reinas, santas y terceras, clase media y pueblo llano, menospreciadas en la corte y acosadas en las redes.

La misma alcahueta, pero abordada desde una perspectiva muy diferente, se abre camino en "Catalina la tercera" y en "Isa frente al espejo", monólogos independientes que permiten una lectura individual, pero también una interpretación conjunta que enriquece sus matices. Ambos textos se orquestan en torno a los triángulos amorosos que protagonizan Caty e Isa, respectivamente, con Sancha, Fernando y Fer.

Tras Caty, eufemísticamente señalada como consultora de relaciones personales, palpita el espíritu de la tercera Catalina a la que, como acabo de señalar a propósito de "Catalina", se refiere con desprecio Álvarez de Villasandino en el *Cancionero de Baena*. Es el propio poeta (Alfonso, Fonsi) quien se convierte en el vértice de los conflictos en ambos monólogos, ya que es el objetivo sentimental tanto de a alcahueta como de Isa. Esta última resulta de reelaborar algunos aspectos vitales de Isabel González, manceba de Juan Alfonso de Guzmán, conde de Niebla, que se retira al convento de San Clemente a la muerte del noble. El personaje reescrito a partir de esta influyente dama en "Isa frente al espejo" es asimismo escritora, ha mantenido una relación con un hombre casado y vive en Sevilla, recluida en su casa, trasunto del encierro conventual de la Isabel medieval que la inspira. La actual es una mujer moderna que pugna por ser libre y romper las cadenas de la dependencia emocional que lastra su vida. Tras la desaparición de su amante Alfonso, encuentra consuelo en una réplica del anterior, incluso en su nombre (Fonsi), aun cuando comienza a afrontar, por fin, los verdaderos sentimientos que la ligan a Sancha, la psicóloga que la escucha (clienta a su vez de Caty), que recibe su nombre de la abadesa de San Clemente en el *Cancionero*. El monólogo desdobla la personalidad de Isa en dos "yo" diferentes (el de la razón y el de la inconsciencia), que dialogan entre sí, que se achacan culpabilidades varias y se recriminan comportamientos desleales. De esta lucha interior surge la tensión entre la conveniencia social y las pulsiones íntimas, que se resuelve a través de la poesía. Los versos de Isa (mejor dicho, de alguna de las dos Isa que la habitan) determinan el desenlace tanto de su propio monólogo como del de Caty en "Catalina la tercera", subrayan la ingenuidad de una y la oscura maldad de la otra, y proponen una lectura circular de ambos textos.

La vida de Garci Ferrández de Gerena y su esposa, la juglaresa mora (¿Rosa?) a la que abandona para volver, trece años después, pobre, cargado de hijos y habiendo seducido a su cuñada, es el pretexto a partir del que se construyen dos monólogos. En "La herencia de la juglara" la voz dramática recae en Soledad, nieta de Rosa, una mujer inmigrante, musulmana y sola en la Galicia de la primera mitad del siglo XX, que comienza a cantar, en las calles primero, en una banda regional después, para procurar bienestar a su familia. En "La maqueta", por su parte, el protagonismo del monólogo recae en Rosa, reconvertida en mujer luchadora y fuerte que se sobrepone a sus propias circunstancias vitales, a la soledad, a la responsabilidad de criar sola a sus hijos y a los prejuicios del mundo en que vive. Es ella la que explica, desde su perspectiva de mujer actual, lo que las burlas del *Cancionero* silencian, esto es, la versión de la esposa sobre el feo y mal casamiento de Gerena sobre el que ironizan diferentes poetas, él mismo entre ellos. La humilde cantante y compositora del siglo XXI no pierde la esperanza de recuperar su vida y hacerla mejor, al fin libre de los engaños que ha ido aceptando como buenos a lo largo del tiempo. La posibilidad de lograr una independencia económica efectiva la empuja a tomar decisiones fundamentales y a convencerse de que también ella puede aspirar a ser feliz.

No solo el vituperio, del que son objeto muchas de estas mujeres desconocidas, aviva el interés de los autores y autoras; también el inusual reconocimiento intelectual de otras resulta atractivo desde el punto de vista de la creación literaria actual. Es lo que ocurre con la abadesa del monasterio sevillano de San Clemente, acaso Sancha González Barba, una intelectual respetada públicamente en su tiempo por estudiosos de ciencias, leyes y teología, tal y como reflejan los debates que mantienen en el *Cancionero de Baena* Diego Martínez de Medina y Fray Lope del Monte. Su autoridad se reescribe en nuestros monólogos a partir de dos patrones diferentes: se la menciona como psicóloga en "Isa frente al espejo" y usuaria de los servicios de Caty en "Catalina la tercera", pero adquiere auténtico protagonismo en "Ave María Purísima", texto en el que un hiperbólico azar conduce a una anónima trabajadora de Sevilla hasta la clausura del monasterio benedictino en el que ejercerá, con paciencia, las labores propias de la madre abadesa.

Como podemos comprobar, la intención que guía cada una de estas reescrituras es tan diversa como el tono de las mismas. El humor desenfadado y el pretexto epistolar de "La negociadora" reivindican un estilo de vida en libertad y sin roles de género establecidos. El esperpento transforma a la cajera de "Ave María Purísima" en una religiosa prisionera de sus hechos y de sus silencios. La ironía y la sátira en "La herencia de la juglara" canalizan la crítica a las políticas sociales de la España de los años 40. El sarcasmo se adueña de la reflexión filosófica en "Quién es Constanza" y "Catalina", y de la turbia mirada especular de "Catalina la tercera" junto a "Isa frente al espejo". El dolor se abre paso entre las voces de Casandra en "Recuérdame" y se instala definitivamente en el corazón resignado de "Solo María". El triunfo final sobre sí mismas convierte en lección, desde el estrado de la vida, la lucha que refieren "Yo no soy Catalina de Lancaster", "Leonor y no de Alburquerque" y "La maqueta".

Técnicamente, los monólogos de este libro son esencialmente narrativos en el planteamiento de la prehistoria dramática y en el nudo de la misma, colocado, por lo general, fuera del presente de la acción. Del mismo modo, de forma mayoritaria se diseñan a partir de un tipo de interpelación común, al auditorio, al público ideal que prevé el texto dramático, a la propia protagonista desdoblada en interlocutora de sí misma ("Isa frente al espejo") y a otros personajes, presentes ("Ave María Purísima", "Solo María", "Recuérdame") o ausentes ("La negociadora", "Catalina la tercera").

La reescritura de las mujeres mencionadas o evocadas en los versos del *Cancionero* opera a través de transposiciones temporales que trasladan la acción a nuestros días, pero también al siglo XIX ("La negociadora"), a principios del XX ("Solo María") y en el caso de "Recuérdame" al pasado mítico de la guerra de Troya. En algunos casos, las marcas cronológicas son recurrentes: la música (Phill Collins y Zahara en "La maqueta"; Silvio Rodríguez en "Leonor y no de Alburquerque"; Ennio Morricone en "La negociadora"), el cine (*Sister Act* en "Ave María Purísima"), la tecnología (teléfonos móviles, redes sociales, You Tube) o sellos comerciales y empresas (Mercadona en "Ave María Purísima"; Anasound en "La maqueta"). También lo son las referencias implícitas a escritores (Mark Twain en "La negociadora") y explícitas (Virginia Wolf en "Yo no soy Catalina de Lacaster"; Julio Verne en "La herencia de la juglara").

Las transposiciones espaciales son menos uniformes y, por lo general, contribuyen a profundizar en el mensaje que cada monólogo quiere transmitir. No son gratuitas, por tanto, las coordenadas galaicas en "La herencia de la juglara" o "Leonor y no de Alburquerque", las valencianas en "La maqueta", el oeste de los pioneros americanos en "La negociadora", ni la inespecificidad de "Recuérdame", "¿Quién es Constanza?" y "Catalina".

Pese a las notables diferencias de estilo y propósito, la lectura de los doce monólogos que se recogen en este volumen permite descubrir parámetros comunes a todos ellos, entre los que destaca, sin lugar a duda, la reivindicación de la individualidad, de la autonomía y de la voz propia de cada una de estas mujeres, tanto reinas como juglaras de otro tiempo, a las que el siglo XXI ofrece cauces nuevos para la expresión personal, íntima, colectiva, académica o magistral, según los casos, de los conflictos de poder e identidad que se vislumbran tras su presencia, más o menos nítida, en la poesía castellana más antigua que ha llegado hasta nosotros, preservada para la posteridad, como las mujeres que la pueblan, en los versos del *Cancionero de Baena*.

Cada texto está precedido de una ficha bibliográfica con los datos esenciales del personaje que se reescribe y las principales referencias poéticas en el *Cancionero de*

Baena. Siempre que es posible, se ofrecen hipervínculos que completan la somera información de cada una de las fichas, así como el enlace a la *Biblioteca Digital de Textos del Español Antiguo. Textos Poéticos Españoles* (BDTEA), en la que pueden leerse los poemas originales. La transcripción de los versos que se reproducen en las fichas proceden de la edición de B. Dutton y Joaquín González Cuenca, *Cancionero de Juan Alfonso de Baena*, Madrid, Visor Libros, 1993.

El volumen se completa con la bibliografía citada y una selección de los títulos que, en los últimos veinte años, recuperan el tiempo y la vida de las reinas, las damas y las plebeyas a las que dan voz estos monólogos.

LOS RELATOS Y SUS VOCES

ABADESA DE SAN CLEMENTE

"La abadesa del convento de San Clemente (¿Sancha González Barba?) aparece citada en un debate del *Cancionero de Baena* sobre la Inmaculada Concepción que mantuvieron Diego Martínez de Medina y fray Lope del Monte. La cronología propuesta para esta disputa en verso permite suponer que Sancha González Barba es la persona que se oculta tras el cargo. El ejercicio de su mandato en el Real Monasterio de San Clemente de Sevilla, importante centro religioso de la metrópoli durante la etapa medieval, puede documentarse entre 1402 y 1411". (Álvarez Ledo, Sandra, "Abadesa de San Clemente", en Antonio Chas Aguión y Montserrat Ribao Pereira, eds., *Tecer. Textos, contextos, ecos y relecturas*, Vigo, Universidad de Vigo, 2022. https://te-cer.es/elemenz/abadesa-del-convento-de-san-clemente-sancha-gonzalez-barba/ [27/09/2024]).

Los poemas en los que es aludida, en el mencionado *Cancionero de Baena*, son los que siguen:

— Fray Lope del Monte. ID1450, PN1-324, "Por la dulçe. gloriosa" (BDTEA).

— Diego Martínez de Medina. ID1453, PN1-327, "Discrepto varón loado" (BDTEA); ID1449, PN1-323, "Señor porque ayer" (BDTEA):

Aquí se comiençan las cantigas e preguntas e dezjres que fizo e ordenó en su tiempo Diego Martínez de Medina, jurado de Sevilla, el qual era un omne muy onrado e muy discrepto e bien entendido, así en letras e todas çiençias como en estilo e plática de corte e de mundo [...]. E primeramente comiénçase aquí una qüistión qu'él ovo con fray Lope del Monte, Bachiller en Theología sobre la conçebçión de Santa María, a suplicaçión e ruego de los frailes predicadores de Sant Plablo de Sevilla, la qual pregunta fue dada a la abadessa de Sant Clemente.

(En Brian Dutton y Joaquín González Cuenca, eds., *Cancionero de Juan Alfonso de Baena*, Madrid, Visor Libros, 1993, p. 567).

Bibliografía

Álvarez Ledo, Sandra (2022), "Fray Lope del Monte en el entorno literario del monasterio de San Clemente de Sevilla", en A. Chas Aguión, ed., *Corte y poesía en tiempos de los primeros Trastámara castellanos: lecturas y relecturas*, Berlín, Peter Lang, pp. 73-90.

Chas Aguión, Antonio (2018), "Diego y Gonzalo Martínez de Medina. Escollos biográficos", en A. Chas Aguión, ed., *Escritura y reescrituras en el entorno literario del* Cancionero de Baena, Berlín, Peter Lang, pp. 75-91.

AVE MARÍA PURÍSIMA

Enzo Sarmiento Soto

Personajes

ABADESA

CURA

Acto único

Iglesia del convento de San Clemente. La luz de la mañana entra por las vidrieras superiores. Se ve un altar preparado para la misa. En la parte trasera hay un pequeño retablo muy simple, que hace honor a la estética del Císter. A la derecha del altar se encuentran dos bancos viejos destinados a la oración. A la izquierda está un pequeño confesionario de madera. La parte reservada al sacerdote aparece cerrada, la del penitente abierta y vacía.

Cuando se abre el telón, la escena aparece sola. Rápidamente entra por la derecha la ABADESA *del convento, una mujer bajita que viste el hábito de la orden. Mira a su alrededor por si alguien la observa. Al comprobar que la iglesia está vacía entra en el confesionario, pero no cierra la puerta. Podemos verla dentro.*

ABADESA. Ave María Purísima. Buenos días tenga usted, padre. Verá, yo es que hace mucho tiempo que tengo algo que contarle. A usted y al resto de hermanas, pero es que…, es que no me animo *(se abanica con la mano).* Cada vez que lo intento pasa algo: que si la hermana Julia se ha cortado un dedo, que si se ha caído patinando, que si ha tirado una vela encima de la hermana Úrsula… Es que así no se puede, hombre. También le digo, algo hay que hacer con la hermana Julia. No se puede tener a una mujer de noventa y cinco años viviendo esta vida de riesgo. Pero bueno, que eso no es a lo que vengo. Yo querría liberarme de este peso que tengo encima *(hace una pausa y se quita la cofia y el velo)* y de este también, porque menudo calor que tenemos para estar en una iglesia… Mire que llevo años luchando por conseguir un aire acondicionado, pero nada, aquí todo son problemas. ¿Cómo van a venir los feligreses a misa? ¿Cómo vamos a captar así a más hermanas? ¡Hay que modernizarse ya! Voto de pobreza sí, pero calidad de vida también. Bueno, de eso ya hablaremos en el próximo consejo.

A ver cómo le cuento a usted esto. No quiero que se lo tome a mal, ¿eh? Eso nunca, pero necesito decírselo. Venga, allá voy. Verá... Mire, mejor empiezo por el principio y así se centra usted.

Como sabrá, hace ya quince años que soy abadesa de este convento. ¡Quince! Y en este tiempo he aprendido mucho sobre la fe, la convivencia..., bueno, y he aportado mucho, que un convento no se organiza solo. Ya sabe usted que soy muy agradecida, pero es que ya no puedo más. No puedo seguir con esto... Hace hoy tres lustros vivía yo en Sevilla, en un pisito de alquiler a las afueras de la ciudad, muy mono él. Era pequeñito, pero muy cuco. Para mí sola era una maravilla. En fin, era lo que me podía permitir después de perderlo todo con la muerte de mis padres. Un día, al volver del Mercadona —es que trabajaba allí, ¿sabe?—, el edificio había desaparecido. Sí, como lo oye. Por lo visto en el piso de abajo había un laboratorio de no sé qué y una mala mezcla ... ¡Pum! Adiós casa. A partir de ahí todo se vino abajo, nunca mejor dicho.

Perdí mi casa, se me acabó el contrato, no me quedaba familia..., vaya, que estaba sola y sin dinero. Tenía una mochila con el uniforme del trabajo, un móvil, veinte euros en el banco y muchas deudas. Como no sabía bien qué hacer, me uní a un grupo de mochileros portugueses que conocí en el súper. Iban haciendo el camino de Santiago, era perfecto, así aprovecharía para dormir en albergues e ir pensando cómo ganarme la vida.

La suerte no estaba de mi lado. En la primera ruta de montaña se me resbaló la zapatilla y caí rodando por un terraplén. Perdí la mochila, el móvil, las zapatillas y a los portugueses. Sola otra vez. ¡Qué desgracia la mía! Pero bueno, como aún era por la tarde seguí caminando y caminando en busca de refugio. Después de tres horas por rutas de montaña me encontré a un grupo de personas un poco agitadas. Estaban esperando una ambulancia. Por lo visto, una señora mayor se había desmayado y no respiraba, parecía muerta. Parecía no, lo estaba, pobrecita mía.

A ver, llegados a este punto tengo que decir que yo nunca había hecho estas cosas, pero tampoco me había quedado nunca en la calle, así que..., el caso es que sí, robé. Con todo el ajetreo nadie se fijaba en la maleta de aquella pobre mujer y ella ya no la iba a usar. Así que me la llevé.

Después de caminar cinco kilómetros por una senda rodeada de árboles decidí abrir la maleta para cambiarme de ropa y calzarme, porque recuerde, padre, que había perdido mis zapatillas. Que no había robado yo por robar, es que era una necesidad.

¿Sabe eso de que hay que ayudar al prójimo? Pues el prójimo era yo. Usted no se preocupe, padre, que ahora verá que el karma, o el Señor, o como quiera llamarlo tenía algo preparado para mí.

Sigo. Cuando abrí la maleta lo único que había allí era un hábito de monja, un rosario y una tarjeta identificativa: Sancha González Barba, abadesa. ¿Y qué iba a hacer yo si el Señor había decidido eso para mí? Pues ponerme el hábito, claro. Seguí caminando y llegué a la entrada del convento. Yo no quería entrar, no se vaya usted a pensar, pero es que habían montado todo un comité de recepción. Tenían una tarta y todo. Las vi tan felices con su nueva abadesa que no quería ser yo quien aguara la fiesta, pobrecitas mías. Ya sabe lo que le gusta una fiesta a la hermana Julia y a su edad…

Pues nada, padre, que ya lo sabe usted, que yo no soy monja ni soy nada. No, no diga palabra, ya sé, se preguntará cómo he hecho todos estos años para no ser descubierta y por qué le cuento todo esto ahora. Todo a su tiempo, tranquilo.

El día de la fiesta de bienvenida yo tenía mucha hambre, quería tarta, así que, si a mí me dicen que para comer un cachito tenía que ser una monja, pues yo era la monja más monja de todo el convento. Si es que las hermanas otra cosa no, pero en dotes culinarias son espectaculares. ¡Cómo no me iba yo a callar! Después de comer me enseñaron el lugar, parecía un sitio agradable: pensión completa con habitación y baño individuales, terraza, zonas comunes muy bien cuidadas y tranquilidad absoluta. Eso era lo que yo necesitaba. A cambio tenía que hacerme cargo del convento y profesar la fe cristiana. Bien, podría hacerlo. Iban a ser solo unos días hasta que se enterasen del malentendido, no sería difícil. Pero el malentendido nunca se resolvió, por lo visto aquella pobre abadesa había muerto sin ser identificada y nadie reclamó su cadáver. Y la clausura es muy mala, ¿sabe usted? Entiéndame, yo no podía dejar a las hermanitas sin abadesa, con lo contentas que estaban.

No le negaré que los primeros meses fueron difíciles. No había leído una biblia en mi vida, era como la monja esa de *Sister Act*, demos gracias a que aquí no tienen coro, porque con lo que desafino me habrían echado. Poco a poco fui aprendiendo. Se me permitía todo, al ser la nueva y la jefa, pues… La adaptación fue todo un reto, ¡eh!, que aquí ni conexión a internet ni nada. Ni un mísero tutorial de Youtube me pude ver, ni un "Entienda la biblia en tres pasos" ni nada, todo por observación, ensayo-error, sobre todo lo último… Soy una monja autodidacta, eso tiene que desgravar pecados.

Cuando llevaba aquí tres meses ya me conocía a todas las hermanas, todas las rutinas, todos los planos del convento y también a dónde iba el dinero del cepillo, que hay que estar siempre preparada. No estoy orgullosa de lo que le voy a contar ahora, pero desde hace quince años he ido, semana a semana, guardándome unos eurillos para mí, por si me pillaban, ya sabe. Pero el problema es ese, que nunca me pillan y estoy desesperada. Es que…, es que a estas alturas no sé cómo decírselo.

Mire, el primer año fue emocionante porque yo no sabía a dónde ir, vivía bien aquí y estaba el convento que daba penita verlo, qué mínimo que prestarles mi ayuda; pero después de quince años esto ya es desesperante: no hay televisión, no hay radio, de internet y móviles ya ni hablamos, y lo peor es que las hermanas solo quieren charlar sobre la palabra de Dios. Si es que solo conocen eso… De verdad se lo digo, padre, yo respeto los gustos de todo el prójimo, pero es que, con todo lo que tiene este mundo que ofrecer, por qué tenemos que estar aquí encerradas rezando y plantando tomates. ¡No puedo más! Quiero salir, esto parece Alcatraz *(suspira y hace una pausa)*.

Sí, lo he intentado infinidad de veces, primero no tenía la acreditación para salir del recinto, porque resulta que la abadesa no puede abandonar nunca el convento, que yo creo que eso se lo han inventado, pero bueno. Y otra cosa, tecnología en el convento no, pero en seguridad bien que gastamos, ahí lo que haga falta: ocho claves diferentes, no vaya a ser que nos roben los tomates. En fin… Eso un día, el otro que si peleas, que si accidentes, que si intoxicaciones alimentarias. Si es que aquí el único momento a solas es para ir al baño, y a veces ni eso. Menos mal que el derecho a confesión sí se respeta, porque si no…

Si yo las quiero mucho, pero después de quince años… Aquí está todo hecho ya, pueden vivir solas, ya he cumplido mi penitencia. Yo quiero recuperar mi vida. Quiero poder ir a tomarme una caña a una terraza, quiero blasfemar, quiero ver una película mala de esas de domingo por la tarde. ¡Quiero ser una jubilada más! Si es que no pido tanto. Por eso tengo un plan. Aprovecharé la visita del obispo. Como no me gustan las despedidas, me iré sin que nadie se entere. Teniendo esta oportunidad, ¿para qué decir nada? No quiero dramas.

Mire, el obispo llegará el viernes por la tarde para la batalla de dulces. Ya sabe que este domingo es la eliminatoria de yemas entre "La cocina del Císter" y "La despensa Dominica", así que esto estará a tope. El obispo oficiará la misa previa al encuentro. El convento abrirá sus puertas para la asistencia y los donativos, ya sabe cómo funcionan estos saraos. Pues bien, cuando acabe la misa yo habré dejado mi maleta preparada en una de las alacenas. Me disculparé diciendo que voy a revisar la cocina y aprovecharé para salir por la puerta sin que nadie me vea. Si me apura, cuando enciendan el primer horno ya estaré en Málaga. Por cierto, el dinero que he ido cogiendo estos años está en un sobre en mi habitación, cómpreles un aire acondicionado, por favor, o póngales wifi. Sí, ya sé que es triste, pero es que ya no puedo seguir así, padre, es lo mejor, si esto no sale bien yo confieso, pero… *(se escuchan unos pasos, se calla de golpe y se pone la cofia rápidamente)*.

Un Cura *entra en la iglesia por la derecha. La* Abadesa *sale del confesionario y se cruza con el sacerdote, que va a entrar en él.*

Cura. Buen día señora abadesa, ¿venía usted a confesarse? Si me da un minuto ahora mismo la atiendo.

Abadesa. Buen día, pues verá padre, yo…, yo ya vengo en otro momentito. No es nada importante, no se preocupe. Tenga un buen día.

La ABADESA *camina hacia un extremo del escenario.*

CURA. ¡Ah, por cierto! Hace rato que la busca la hermana Angustias. Por lo visto el obispo está con gripe y se cancela lo del domingo.

El CURA *se prepara para entrar en el confesionario, la* ABADESA *suspira, se le cae una lágrima y se persigna. Acto seguido entra en el confesionario otra vez.*

ABADESA. Ave María Purísima.

Telón

CATALINA

Es el nombre de la alcahueta a la que se refiere <u>Alfonso Álvarez de Villasandino</u> en el "Dezir contra la muger de mosén Juan", en el *Cancionero de Baena* (ID1240, PN1-100, "Catalina, non es fina", <u>BDTEA</u>):

> Cataljna, non es fina
> la tu obra, segunt veo,
> pues se enclina tu esclavina
> a muchos con devaneo.
> Maguer feo, non te creo
> que non suene tu dotrina;
> quando oteo tu meneo,
> es de loca salvagina.
> Para en plaça muy gran raça
> te ponen los dezidores;
> non de baça mas de taça
> usas mucho a tus sabores;
> servidores burladores
> te publican por picaça;
> tus amores son errores
> de qujen te besa e abraça.
> Las tus mañas son estrañas,
> segunt yo he aprendido.

pues te bañas quando gañas

algunt bueno en escondido.

Tu apellido es abatido

por tus esquivas fazañas;

el tu nido es tan seguido

que non cría telarañas.

(En Brian Dutton y Joaquín González Cuenca, eds., *Cancionero de Juan Alfonso de Baena*, Madrid, Visor Libros, 1993, p. 127).

Bibliografía

Caravaggi, Giovanni (1969), "Villasandino et les derniers troubadours de Castille", en *Cahiers de Civilisation Médiévale. Mélanges offerts à Rita Lejeune*, 1, Gembloux, Éditions J. Duculot, pp. 395-421.

Mota Palencia, Carlos (1992), *La obra poética de Alfonso Álvarez Villasandino*, Barcelona, Universidad Autónoma de Barcelona.

Ortega-Sierra, Sara (2014), "Apología y sátira en la poesía cancioneril del siglo XV: definición y poética del *dezir* epideíctico", *Dewey Today*, 3-2, pp. 22-45.

CATALINA

Ana Laura Puentes Ferrín

Personaje

Catalina

Acto único

Fondo sencillo negro, la luz apagada se mantiene un instante y se enciende de golpe un foco blanco que ilumina solo el centro de la escena. Se deja ver el escenario desnudo y un marco dorado colgado desde el techo, simulando flotar en el centro. El marco es de estilo barroco. Se apaga de golpe la luz con un sonido seco.

Con la luz apagada, entra la actriz y se sitúa tras el marco, de perfil. Va vestida con un pantalón largo muy flojo que simula una falda de época, blusa blanca de tela vaporosa, el pelo semirrecogido con algún mechón despeinado. Todo en colores claros que contrasten con el fondo negro.

Se enciende de nuevo el foco, la actriz permanece estática un instante simulando ser un cuadro. Se gira, se coloca frente al público y comienza a hablar con tono firme.

Catalina. Catalina, este es el nombre que, ante Dios en bautismo, me dieron. ¿Quién es Catalina? En el santoral romano, una de las grandes místicas del siglo V. Predicadora, escritora... Santa venerada. ¡Catalina de Alejandría! Patrona de abogados, bibliotecarios, educadores, solteros, estudiantes, maestros...

Catalina sale detrás del marco y comienza a caminar mientras entona su discurso a lo largo del escenario con total libertad.

Por mí decidieron que yo soy y solo sería Catalina. Apellido no me dieron, pero sí tuvieron la deferencia de añadir unos cuantos adjetivos al lado de mi nombre, a cada cual menos agradable, más despectivo. ¿Quién soy yo? *"Catalina, non es fina"*, esta es mi primera aparición, sin grandes hazañas, sin historias nobles, sin linaje ni herencia. Un simple nombre en un verso cualquiera perdido en un manuscrito medieval. Soy el anónimo pueblo, una mujer que por un caprichoso destino ha sobrevivido a los siglos sin ser yo nada más que nadie.

Se para dentro del encuadre del marco, la iluminación se dirige a ella y recita en tono solemne.

Servidores burladores
te publican por picaça;
tus amores son errores
de quien te besa e abraça.

Sale del encuadre del marco, se ilumina todo el escenario y camina con libertad.

Esta soy yo, este es mi verso, una cita en el *Cancionero de Baena*; desde el siglo XV a la eternidad. En palabras de un hombre, creación ajena. ¿Quién soy? Poco fina, errada en amores... No paro de preguntarme quién era, qué mal hice para merecer palabras tan feas.

De profesión, alcahueta, aquella indeseable que facilita los encuentros amorosos, quien encubre relaciones sexuales ilícitas, quien ayuda a los pecadores a enturbiar su alma no en nombre del amor, sino del más terrenal deseo, aquella que por mala es bruja. Esa soy yo, eso es lo que otros han decidido que yo sea.

¿Cómo era? Siglos atrás sería campesina, mujer de piel curtida por el sol, manos toscas, uñas amarillentas, dientes sucios, ropajes de tela áspera y humilde de corazón. Quizás era dama de la corte; hija de alguien con poco, pero suficiente, siempre detrás de mi señora, vestida con ceñidos vestidos de telas nobles, pelo recogido en trenzas con abalorios y pasadores. No lo sé, no lo sé... Ahora soy el tiempo pasado conocido, el presente desconocido y el futuro incierto. Soy todas las Catalinas. La reina, la dama, la sirvienta y la plebeya.

¡Que alguien suba aquí! Por favor..., que alguien sea valiente y me explique quién soy. Busco la explicación a la pregunta que Aristóteles ya se hizo, ¿qué es el ser humano? Qué estúpida, quizás ni sabía leer. Tal vez desconocía la existencia de la filosofía clásica, del arte, del mundo más allá de mi pueblo. Puede que jamás me plantease el futuro, que pensase en un final insignificante. Puede que sea eso... ¿Solo fui una rima en la voz de un bardo ganándose unas monedas en cualquier taberna, rodeado de borrachos? Corría el alcohol, las burlas soeces en el amparo de la noche.

Aquí estoy, recitada en un escenario por cultos y estudiosos; allí estaba, entre risas de caballeros y maleantes. Soy solo palabras. ¿Quién sería yo en el ahora más absoluto? ¡Solo ocho letras sin significado! No soy fina, entonces... ¿Sería de barrio malo, de periferia? Con artículo delante de mi nombre: la Catalina. Por la mañana al instituto, enamorada de algún chaval de mi edad con nombre fuera del santoral, moto de pocos caballos y menos luces. La Catalina, quizás con K, la Katalina... esa sí que no es fina. Las noches terminarían en un parking de tierra al primer rayo de sol. Las faldas muy cortas, las camisetas ceñidas y puede que hasta un tanga a la vista... o quizás eso sea ya demasiado caricaturesco. El aliento con olor al chicle de fresa que no paro de mascar. El pueblo llano, la clase más humilde, la trabajadora.

Puede que solo se pronuncien cuatro letras en mi nombre y eso lo cambia todo, Cata. Burguesía *millennial*. De barrio tranquilo donde poder pasear un domingo por la mañana, desayunar al sol una tostada de tomate y jamón, balcones con flores y floristerías al lado de los quioscos. Cata va al colegio en autobús, con uniforme a cuadros verdes y granates. La falda la recoge con horquillas esperando que la profesora no se dé cuenta de los centímetros que faltan, no es tan fina como creemos. Cata fantasea con vivir con sus amigas en un piso de estudiante el año que viene; queda para toma café de cuatro euros los viernes por la tarde. Los sábados va de tiendas con su madre por la mañana y por la noche sale con su novio en secreto, sin que sus padres se enteren. Clase media, ilusión por un futuro brillante, delicadeza y picardía adolescente.

El mundo ha cambiado poco en realidad. A mis tocayas ya no las señala un bardo en una taberna, pero se sigue hablando de ellas convirtiendo en público lo anónimo. Ahora las alcahuetas son virtuales. Ahora mis crímenes pasarían desapercibidos, pero tengo claro que sería condenada por otros.

Se acerca poco a poco al marco hasta quedar de nuevo encuadrada.

Alcahueta suena anacrónico, pasado de moda. ¿Estoy acaso acabada? Bruja de apaños y engaños. ¿Sería médica o farmacéutica por mis brebajes reconstituyentes...? ¡Imposible! Ellas pertenecen a un escalón más alto de la sociedad, ellas tienen apellido, doña y respeto. Yo... yo... ¿Qué tendría ahora? Brujas son aquellas que alzan la voz ante las injusticias, ahora posiblemente tendría voz, ahora mis labores no serían necesarias porque en la libertad pasea la mujer sin el estigma del pecado, ahora quien hable de mí será igual de juzgado, yo por mis pecados y él por el uso ilícito de su lengua.

¡Ay, la palabra! Qué eterna compañera y falsa amiga. Por su culpa estoy aquí, por lo que otros han dicho, por lo que yo digo y por lo que vosotros diréis al salir de aquí. La palabra es líquido incontenible como el mar, sale de la boca y llega a todos los rincones, empapando todo. Es salitre corrosivo en el corazón de aquellos de quien se habla, hiere como el acero más afilado y cura como la mejor de las medicinas. Un cúmulo de palabras me convirtieron en aquello que soy. Inmortal y atemporal.

Permanece inmóvil en la posición inicial hasta que se corta la luz con el mismo sonido del principio.

Telón

CATALINA LA TERCERA

Francisco Alfaro Mora

Personajes

Caty. Consultora de relaciones personales
Blanca. Secretaria de Caty (no habla)
Fonsi (no habla)

Acto único

*Espacio interior. Oficina moderna con muebles de diseño, todos grises.
Las paredes están pintadas del mismo gris que los muebles. Al fondo hay un
ventanal que ocupa el foro del teatro, cubierto por una veneciana de diseño,
también gris. Sentada a una de las mesas y frente a un ordenador portátil de última
generación, Caty, la mejor consultora de la empresa, marca el número interno de
su secretaria, Blanca.*

Caty. Blanca, no me pases más llamadas. Gracias. *(Cuelga el teléfono sin esperar la respuesta de Blanca).* No sé por qué sigo viniendo a trabajar con la misma
ambición todos los días. Por qué te tor... por qué me torturo de esta manera. Tú
tampoco sabes, Isa, que simplemente leyendo su ficha de cliente supe al instante
que surgiría algo entre vosotros dos, una mínima atracción, una pequeña chispa que
yo conseguiría alimentar, poco a poco, con mis artes..., con mis malas artes... *(Sonríe débilmente, negando con la cabeza).* Con mi acreditada profesionalidad. Cuando
comprobé que a Alfonso Álvarez... *(vuelve a sonreír asintiendo débilmente),* al que
ahora llamas Fonsi, tu Fonsi... Cuando comprobé que a Alfonso lo había abandonado
su amante sin ninguna explicación, supe que sería relativamente fácil que la relación
funcionase. Además, era necesario que olvidases lo antes posible al otro .., a otro
Alfonso..., y el amor es la mejor terapia contra el amor, Isabel. No lo dudes. Sí, me
dirás que Sancha es una profesional altamente cualificada, la mejor psicóloga de la
ciudad. Me dirás que Sancha ya es casi como una amiga, pero yo soy mejor que ella.
Yo soy tu mejor amiga. En cuanto a la profesionalidad... En el trabajo me envidian, ya
lo sabes, todos quieren ser como yo. Como yo... ¿te das cuenta? Realmente lo que
hacen es criticarme y hablar mal de mí cuando no estoy. ¿Te he contado que me

llaman urraca a mis espaldas? El otro día encontré una nota pegada en mi mesa que decía: "Tus amores son errores de quien te besa y abraza".

Yo me río de estas cosas porque, en el fondo, todos en el trabajo quieren ser como yo. Por eso era necesaria mi mediación para que olvidases lo antes posible a Alfonso..., al otro Alfonso, Isabel. Sancha es buena, pero las terapias son procesos largos y mi método es mucho más efectivo..., se ahorra tiempo. *(Sonríe débilmente mientras niega con la cabeza)*. Aunque sigo sin saber por qué vengo a trabajar con la misma ambición todos los días...

¿Sabes? También tengo ficha de Sancha. También ella es una mujer sola, Isa; la mejor psicóloga de la ciudad no consigue relacionarse en su vida privada. Te sorprendería saber cuáles son sus aficiones favoritas... Hasta a mí, a quien ya no asombra nada de lo que pueda leer en las historias de mis clientes, me dejó maravillada tanta sinceridad. La llamé por teléfono para poder tener una entrevista cara a cara y saber realmente hasta dónde llega esa sinceridad. Te asombraría la franqueza a la que puede llegar una mujer desesperadamente sola, Isa. Sin embargo, los hombres son diferentes, ellos no se sinceran delante de una mujer. Pero si te digo la verdad, hasta ahora nunca había encontrado a una como Sancha. Con gustos como los de ella no creas que resulta fácil concertar un encuentro. Tengo que aplicarme a fondo, arriesgar mucho y asumir que mi método no siempre resulta infalible. Sin embargo, ella sigue acudiendo a mí cuando lo necesita.

(Se levanta y camina dando vueltas por la oficina). No creo que me atreva a contarte nunca toda la historia, pero cuando seduje a Alfonso, a tu otro Alfonso, con mi... *(sonríe débilmente afirmando con la cabeza)* acreditada profesionalidad, supe que él ya no volvería a verte nunca más y que yo lo odiaría con todo mi ser por abandonarte. Por hacerte daño. Pero sobre todo lo odiaría por ser el instrumento, el arma, con la cual irremediablemente yo acabaría haciéndote daño a ti..., a mi mejor amiga.

(Suena un aviso de llegada de mensaje en el teléfono móvil. Caty *abre el mensaje y lo lee en silencio)*. Has vuelto a escribir. Hacía mucho tiempo que no me enviabas un poema. No, Isabel, no voy a leer tu poema en el móvil. *(Vuelve a sentarse frente al ordenador)*. Recuerdo perfectamente el último. ¿Cuánto tiempo ha pasado desde que me lo recitaste, cuánto que no nos vemos, cuánto que no sales de casa...? Sé que este poema tampoco será para mí, aunque quieras compartirlo conmigo, pero no puedo evitar emocionarme al pensar que, por una sola vez, la destinataria podría ser yo, tu mejor amiga. Solo por una vez... Esperarás a que yo lo lea. Sabrás el momento exacto en el que abriré el documento y veré tus versos, las veces necesarias para que mi comentario sea justamente el que se merecen. Querrás que los saboree cuando no esté en el trabajo, pero lo que ignoras es que, cada vez que lo haga, desaparecerán las paredes de la oficina y conseguiré salir verdaderamente de aquí. Tú y yo estamos atrapadas en un espacio en el que creemos estar seguras. No lo sabes, pero tu ago-

rafobia es compartida. Tu casa. Mi oficina. Querrás que diga que este es tu mejor poema, aunque siempre es el mismo poema y lo que cambian son las palabras con las que juegas. Y te lo voy a decir, aunque no lo haya leído todavía *(vuelve a levantarse mientras teclea en el teléfono móvil)*: "¡Hola, Isa! ¡Cuánto me alegra que hayas vuelto a escribir! Sin duda este es tu mejor poema. ¡¡¡Me encanta!!! En cuanto lo pueda leer con calma te digo más cosas. ¡Un beso!"

No, no lo voy a leer porque sé que hoy tu poema de amor tampoco va a ser para mí. Solamente puede ser para él, lo que demuestra una vez más mi... ¿acreditada profesionalidad? Sí..., ahora entiendo por qué vengo todos los días a trabajar. Ahora que vuelves a sentirte escritora otra vez, yo también siento brotar nuevamente de mí lo que realmente soy. Mis malas artes nunca escribirán poemas de amor; sin embargo, tu amor es mi creación. De alguna manera tu nuevo amor es mi nuevo poema. Sí, Isabel, después de recibir el tuyo ya no hay vuelta atrás. No creo que me atreva a contarte toda la historia, pero cuando maté a Alfonso, después de seducirlo en tu propia casa, me prometí a mí misma no volver a hacerlo nunca más. En esa época te encantaba salir a pasear por el barrio de Santa Cruz. Cuando todavía podías salir. Él me llamó, me avisó de que no estabas en casa y de que tardarías en llegar. Ni te imaginas lo fácil que resulta matar a un hombre en la cama. El sexo es una buena maniobra de distracción. Quizá no sepas nunca que Alfonso murió feliz mientras practicaba sexo con la mujer que creía amar. No, Isabel. No quiero hacerte daño, pero ya no hay marcha atrás. Estoy decidida a hacerlo y esta va a ser la mejor lectura de tu último poema. Me acercaré al teléfono. Marcaré su número y empezaré a cautivarlo desde el primer momento: con mi voz y mis malas artes... *(Sonríe débilmente negando con la cabeza).* Con mi ciencia verdadera.

Buenas tardes, ¿Alfonso Álvarez? Soy Catalina, tu consultora de relaciones personales. Sí, Caty. Hola, Fonsi, veo que te acuerdas de mí.

Telón

ISABEL GONZÁLEZ

"Poeta del *Cancionero de Baena* cuya maestría fue reconocida por algunos de los autores más renombrados del compendio, como <u>Francisco Imperial</u>. Aunque no se han conservado textos atribuidos a ella de manera explícita, cabe documentar intercambios poéticos que la relacionan con dos autores de la referida antología, el propio Imperial y <u>Diego Martínez de Medina</u>. Esta dama sevillana fue manceba de <u>Juan Alfonso de Guzmán</u>, conde de Niebla, y se retiró al convento de San Clemente de Sevilla, probablemente, después del fallecimiento de aquel, en 1396. La autora debió tomar los hábitos, pues Beatriz de Guzmán, viuda del conde de Niebla y residente en este cenobio sevillano tras la muerte de su marido, dejó en su testamento un legado de 500 maravedís para una monja del convento llamada Isabel González de Sevilla". (Álvarez Ledo, Sandra, "Isabel González", en A. Chas Aguión y M. Ribao Pereira, eds., *Tecer. Textos, contextos, ecos y relecturas*, Vigo, Universidad de Vigo, 2021 <u>https://te-cer.es/elemenz/isabel-gonzalez/</u> [27/04/2024]). Las referencias a Isabel Fernández en el *Cancionero de Baena* aparecen en los siguientes poetas:

— <u>Francisco Imperial</u>. "El dios de amor, el su alto imperio", ID1373, PN1-238 (<u>BDTEA</u>); "Embiastes mandar que vos ver quisiesse", ID1374, PN1-239 (<u>BDTEA</u>).

— ¿<u>Fray Diego de Valencia</u>? "Respuesta que dio por ella un fraile", ID1456, PN1-330 (<u>ID1456</u>).

— <u>Diego Martínez de Medina</u>. "Non convale diligençia", ID1455, PN1-329 (<u>ID1455</u>):

> Non convale diligençia
> a la que de vos proçede;
> toda lengua retroçede

e declina su çiençia

ante la vuestra presençia,

muy eçelente poeta,

singular, muy discrepta

e de grant magnifiçiençia.

(En Brian Dutton y Joaquín González Cuenca, eds., *Cancionero de Juan Alfonso de Baena*, Madrid, Visor Libros, 1993, pp. 583-584).

Bibliografía

Chas Aguión, Antonio (2017), "Juan de Guzmán, el Póstumo, en el *Cancionero de Baena*", *Revista de Filología Española*, 97-2, pp. 315-338.

Perea Rodríguez, Óscar (2020), #DíaDeLasEscritoras: Isabel González, la más desconocida poeta en los cancioneros castellanos medievales. https://opr71.hypotheses.org/630

Whetnall, Jane (1992), "Isabel González of the *Cancionero de Baena* and Other Lost Voices", *La Corónica*, 21-1, pp. 59-83.

ISA FRENTE AL ESPEJO

María Sonia Cruz Pérez

Personajes

ISA. Escritora y poeta. Sufre agorafobia desde la muerte de su amante. Paciente de SANCHA.

SANCHA. Psicóloga y directora de un centro de enfermedades mentales en la calle Raposo de Sevilla (no habla).

Acto único

Espacio interior. Dormitorio de un pequeño apartamento céntrico ubicado en la ciudad de Sevilla, de aspecto bohemio y moderno. Las paredes presumen llenas de manuscritos, poesías y dibujos. Rodeada de estanterías repletas de libros se adivina, al fondo, una cocina luminosa con muebles blancos. ISA se encuentra de pie frente a un gran espejo, sin marco, que se alza sobre un aparador vintage ubicado a los pies de la cama. Levanta la mirada y descubre su reflejo. Comienza a maquillarse.

ISA. Hoy es el día, al fin llegó el día. Sabes que estás preparada. Llevas meses esperando este momento con una aterradora y tierna ansia. Mírame, eres grande, eres fuerte y no hay nada más maravilloso que tu sonrisa. (ISA *sonríe mirándose al espejo).* Esa sonrisa que tanto le gusta a Fonsi. *(Mira al techo)* Sí, y ti también Alfonso, pero tú ya no estás aquí, así que no me hables. *(Vuelve a mirar al espejo)* ¡Céntrate! Lleva meses arrancando tus pensamientos y haciéndolos suyos, pero ya no, se acabó. Hoy por fin has vuelto a escribir. Tranquila, seguro que Caty lee tu poema y te anima, como siempre. Tienes suerte de tener una amiga así. Siempre ahí para ayudarte y animarte. ¡Qué pena que tenga tanto trabajo...!

Se perfuma, desdobla un papel que tiene en el bolsillo y lee en voz alta.

"Recomendaciones de Sancha. Leer en caso de entrar en pánico. *(Se frota las manos, nerviosa).* Quién tiene el derecho a medir la valentía. Valiente palabra sin valor ni validez". Llevas meses aquí metida, entre estas cuatro paredes que tú consideras protectoras y lo que hacen es encerrar tu alma.

Hace una pausa, se mira en el espejo y sigue leyendo.

"Quién dijo que escapar no es una solución". La magia se fue, cerró la puerta al salir. Y él se marchó, llevándote a escondidas y dejando aquí una desconocida. Esto no es una casa con puerta, esto es un agujero del que es imposible escapar sin apagar la luz para ver el camino.

Cierra los ojos un instante y los vuelve a abrir para continuar leyendo.

"Desafiaste las reglas del juego, entregaste lo que no se debe regalar, se lo diste todo y ahora lloras a escondidas porque ya no sientes sus abrazos". Te quieres encerrar aquí por miedo a olvidarle cuando olvidarle es lo único que te puede liberar de su ausencia.

Vuelve a mirarse en el espejo.

Vale, ya lo sabes, lo has repetido mil veces con Sancha. No la puedes defraudar. Lleva meses tratando tu agorafobia, se desplaza a tu casa para atenderte, es la mejor psicóloga, la mejor mujer y la mejor persona que conoces. Hasta se molestó en hablar con Fonsi para explicarle cómo afrontar tu fobia sin que afectara a vuestra incipiente relación. *(Cierra los ojos con fuerza y los vuelve a abrir)*. Ya te vale, ahora que empiezas a ver la luz ni se te ocurra enamorarte de una mujer. ¡Tus sentimientos por ella son de agradecimiento, no de amor!

Se da la vuelta de espaldas al espejo y lee, murmurando, las instrucciones del pánico. Se sienta en una esquina de la cama.

¿Cómo pueden entrarte dudas en este momento, justo en este preciso momento? Estás a punto de dar un paso importante, un paso en tu vida, un paso para salir al fin de tu casa y de este encierro, escapar de tu enfermedad, acabar con ataduras y remordimientos, recuperar tu obra, volver a escribir. Y justo ahora resulta que te surgen dudas. Sancha es una mujer impresionante, los hombres se derriten por ella. ¡Cómo se va a fijar en ti! Olvídala por favor. Lo vas a estropear todo otra vez.

Cierra los ojos y respira profundamente. Sentada en la cama, continúa hablando.

Fonsi te está esperando, tu Fonsi, el hombre que te cuidará y amará para siempre. ¿No es lo que querías? No volverás a estar sola. Olvida esas tonterías. Tú nunca has sentido atracción por las mujeres, ¿qué te está pasando?

Se levanta agitada y nerviosa, sale del dormitorio y se dirige a la cocina. Bebe un vaso de agua.

Lo voy a hacer, voy a salir, soy una escritora de éxito, una mujer fuerte. Fonsi me está esperando abajo, lo puedo ver por la ventana (*se asoma a la ventana y agita el brazo, saluda y se dirige a puerta. Justo en ese instante un sonido la detiene, un mensaje en el móvil*). Caty, tu buena amiga Caty, sabías que no te defraudaría. Le encanta tu poema.

Vuelve despacio al dormitorio, enciende su portátil y sentada en la cama relee sus propios versos.

Mujer que abres la ventana de quien cerró la puerta de su vida,
que con la luz de tu perfume embriagas los sueños olvidados.
Compañera de suspiros de aliento tibio y sensible,
con cuyo recuerdo consuelo noches interminables.
Los días surcando por tus recuerdos
son las historias de mi futuro.
Tuyo es el fruto de mi alma
que te espera ansioso en mi cuerpo.

Se coloca nuevamente frente al espejo. Lentamente se desmaquilla, dobla con cuidado el papel, que guarda en el bolsillo, y coge el teléfono.

Sancha, soy Isa, no voy a salir, ¿puedes venir a mi casa?

Telón

CATALINA DE LANCASTER

Bayona (Francia), 1372 – Valladolid, 1418. Esposa de Enrique III de Trastámara, primera princesa de Asturias (1388-1390), reina de Castilla (1391-1406) y regente durante la minoría de edad de Juan II (Real Academia de la Historia). Ficha en PhiloBiblon. Citada reiteradamente en el *Cancionero de Baena* por diferentes poetas:

- Baena, Juan Alfonso de. ID1536, PN1-409, "Señor, yo me tengo por nesçio picayo" (BDTEA).
- Diego Martínez de Medina. ID1461, PN1-335, "Alégrate agora, la muy noble España" (BDTEA).
- Ferrán Manuel de Lando. ID0536, PN1-286, "En el torneo campal", (BDTEA); ID1409, PN1-275, "Discreto fidalgo enviso" (BDTEA).
- Francisco Imperial. ID0532, PN1-226, "En dos seteçientos e más dos e tres", (BDTEA).
- Gómez Pérez Patiño. ID1477, PN1-351, "El fuego que es encubierto" (BDTEA).
- Ruy Páez de Ribera. ID1420, PN1-289, "Andando la era del Nuestro Señor" (BDTEA); ID1422, PN1-292, "Serán socavadas las çanjas dolientes' (BDTEA); ID1427, PN1-297, "Noble f or sin igualeza" (BDTEA).
- Fray Diego de Valençia. ID0500, PN1-227, "En son de figura dezir o que es" (BDTEA).
- Álvarez de Villasandino, Alfonso. ID1205, PN1-63, "Poçerosa, ensalçada" (BDTEA); ID0543, PN1-34, "La noche terçera de la Redempçión" (BDTEA):

> La primera dixo con muy grant manzilla:
> ¿E tú non me ves que só la muy triste
> doña Catalina que tú ayer viste

assaz consolada reina de Castilla?
E agora me vees llamando: ¡Mesilla!
Perdí mi marido, mi Rey, mi señor:
assí que jamás bivré con dolor
poniendo mi mesa sin rica baxilla.

(En Brian Dutton y Joaquín González Cuenca, eds., *Cancionero de Juan Alfonso de Baena*, Madrid, Visor Libros, 1993, p. 92).

Bibliografía

Carceller Cerviño, María del Pilar y Óscar Villarroel González (2021), *Catalina de Lancaster: una reina y el poder*, Madrid, Sílex.

Chas Aguión, Antonio (2022), "Enrique III de Castilla, Catalina de Lancaster y su tiempo en su contexto poético y en la literatura española posterior", en A. Chas Aguión, ed., *Corte y poesía en tiempos de los primeros Trastámara castellanos*, Berlín, Peter Lang, pp. 9-15.

YO NO SOY CATALINA DE LANCASTER

Isabella Valentina Díaz Blanco

Personaje

CATALINA

Acto único

El monólogo se desarrolla en el salón de actos de una Facultad de Economía. En la parte izquierda del escenario hay un escritorio alargado con un ordenador de mesa. Al lado izquierdo del escritorio se encuentra la torre del ordenador; en la izquierda, pegada a la pared, se ve una enorme pantalla digital apagada. Una silla acolchada se sitúa detrás de la mesa, casi debajo de la misma.

La sala se encuentra llena de mujeres, de edades dispares, sentadas ya en sus respectivas butacas. Hablan las unas con las otras, emocionadas. Las conversaciones van muriendo poco a poco, pero la sala no queda en completo silencio.

CATALINA se acerca al estrado, se gira y establece contacto visual con unas cuantas mujeres de la primera fila. Sube y se recoloca dos veces la americana negra hasta que decide quitársela y la dobla con cuidado. La deja en la silla del escritorio y se detiene en el centro del escenario. Se aclara la garganta antes de comenzar.

CATALINA. Me mataron, chicas. Respiro, pero me mataron *(comienza con voz temblorosa y con cierto acento inglés)*. Hace años que le quitaron la vida a Catalina de Lancaster y supongo que os preguntaréis quién soy entonces. Yo no soy Lancaster, ya no *(niega repetidamente con la cabeza)*. A Catalina la asesinaron hace ya muchos años y hoy vengo a contar su historia.

(Suspira antes de continuar). Todo comenzó y terminó con la muerte *(da unos pasos por el escenario y hace una pausa)*. La de un ser querido puede cambiar tu vida abruptamente, tal y como le pasó a la antigua Catalina. Su querido marido falleció

(carraspea y parpadea mientras intenta no dejar salir las lágrimas. Sacude la cabeza tímidamente y continúa) y se hundió en una tristeza tan grande que por un momento temió no poder continuar sin él. Pensó que nada podría destruirla más que perder el amor de su vida, pero aún le quedaban más batallas que luchar. Se vio obligada a dejar los llantos y las lamentaciones a un lado para poder aceptar su nuevo destino, el mundo empresarial. De hombres, cruel y despiadado.

No se esperaba que fuera ella quien cogiese las riendas de la empresa, pero no quedaba otro remedio mientras su hijo, el verdadero heredero de la compañía, no estuviese preparado. Cuando llegó allí los socios de su marido la miraron por encima del hombro, con los colmillos afilados esperando a que tropezase para atacar directamente a su yugular. Lo que ellos no sabían —o no querían comprender— era que Catalina estaba más que capacitada para llevar la empresa a la altura que se merecía *(su voz deja de temblar y su acento inglés apenas es ya perceptible)*. No sabían que su marido siempre escuchaba sus ideas, las adaptaba y las ponía en práctica y, además, la ayudaba a comprender los entresijos de la compañía.

Empezaron ignorándola, pensando que así ella terminaría abandonando la empresa *(pone los ojos en blanco)*. Después, cuando eso no les dio resultado, comenzaron a rechazar todas sus iniciativas, sin razones lógicas, solo por el hecho de ser las ideas de una mujer que tendría que, según ellos, estar cuidando de su hogar y no a la cabeza de un emporio económico *(se ríe irónicamente)*. Luego siguieron con comentarios que intentaron minar su moral: "¿vistiendo así cree que la tomarán en serio?"; "menuda madre, en vez de atender a su hijo está en la oficina todo el día"; *(habla con un tono más grave e imita la voz de un hombre)* o el mejor: "¿necesitas que te lo explique? No te avergüences por no saberlo, es normal en una mujer" *(sonríe amargamente)*.

Lo intentaron también con falsos amigos que tan solo querían descubrir lo que planeaba para poder interponerse en su camino y hacerla fracasar. En sus mentes no cabía la idea de que una mujer pudiese ser tan buena negociadora o incluso mejor que ellos. Seguro que a alguna de vosotras esta actitud os recuerda a alguien, ¿verdad?

Agotaron sus esfuerzos en intentar echar a Catalina y ella se centró en trabajar *(hace una pequeña pausa y continúa)*. Y consiguió convertir esa empresa en la más próspera de Europa en su sector *(sonríe con orgullo)*. Su poder y creciente expansión maravilló a empresarios de todo el mundo. Solo cuando los otros admitieron su talento en los negocios, los de dentro dejaron de atacarla. Pero las cosas no le fueron tan bien como ella esperaba. Su hijo, su querido hijo, había terminado sus estudios, estaba preparado para asumir el control y los socios lo apoyaron. Catalina no sabía qué hacer. Había alcanzado logros impensables para la compañía y, de nuevo, fue ninguneada por quienes rápidamente olvidaron todo su esfuerzo y sacrificio *(dice con un tono de voz cargado de rabia)*.

Se repetía día a día que ella era mejor que eso, que podía con todo. Pensó en hablar con su hijo, pero no quería que él renunciase a algo para lo que se había preparado durante tanto tiempo. Y la verdad cayó, pesada, sobre sus hombros: esos hombres nunca la aceptarían entre ellos, no la respetarían nunca. Así que tomó la decisión que la condujo a su muerte: se rindió. *(Hace una pausa mientras observa a las chicas que componen el público).* Dejó que la convenciesen de que ese puesto no era para ella, que no lo merecía, que no era suficiente…

Esa Catalina poderosa murió y de esa muerte nací yo.

Yo no soy esa Catalina que se deja pisotear por los hombres, ya no soy esa mujer que tiene el alma envenenada y se culpa por lo que hacen los demás *(eleva la voz gradualmente)*. Me di cuenta de lo que valía y entendí que había cometido un error garrafal al dejar que esos hombres me hundiesen. Por esa decisión perdí mi poder, mi fuerza, mi empresa… me perdí a mí misma.

Gracias a eso hoy estoy aquí, con vosotras *(señala al público)*. Me hundí, morí y renací. Encontré la luz en la oscuridad y seguí adelante. Porque al final, todo se resume en cómo superamos los obstáculos de la vida. Y el mundo empresarial será duro con vosotras. Os pisoteará, os vejará, intentará anularos *(remarca cada palabra golpeando su mano izquierda con el puño derecho)*. Pero lo importante es que seáis conscientes de lo que valéis. Quiero que vosotras, mujeres maravillosas, inteligentes y fuertes aprendáis de mi error *(inspira hondo y hace una pausa antes de continuar)*. Si yo pude seguir adelante vosotras también podéis. Tenéis que ser conscientes de la inseguridad que les produce perder el control. Yo lo olvidé y dejé que dominaran mi mente; solo deseo que ninguna de vosotras lo permita.

(Junta las manos y se inclina hacia el público). Muchísimas gracias por estar aquí hoy, conmigo, por escucharme y por creer en un mundo en el que somos poderosas. Antes de las preguntas me gustaría recordar a una compatriota que reivindicó los derechos de las mujeres cuando pocas se atrevían a hacerlo. Espero que os sirva de inspiración y que os dé fuerza para seguir adelante y demostrar que a las mujeres ya no se nos puede controlar *(da pasos cortos hasta llegar al proscenio y alza la barbilla con orgullo)*: "Pueden cerrar todas las puertas que quieran porque no hay barrera, cerradura ni cerrojo que puedan imponer a la libertad de mi mente".

Telón

CONSTANZA FRISOA

Nombre de mujer al que alude el mariscal <u>Pero García de Herrera</u> en el contexto de las burlas a <u>Ferrand Pérez de Guzmán</u> por la exagerada loa de su amiga. "El excesivo loor que Fernán Pérez dedica a su amiga origina las respuestas, no exentas de ironía, del Mariscal Pero García, Suero de Ribera y del Mariscal Íñigo de Estúñiga y uno de los 'decires' a Leonor de los Paños tiene respuesta de <u>Villasandino</u>". (Díez Garretas, María Jesús [2016], "<u>Los testimonios de *La doctrina que dieron a Sara* de Fernán Pérez de Guzmán</u>",*eHumanista*, 32, pp. 258-268, 258). En su respuesta, explica Pero García de Herrera (ID1694, PN1-574, "A todos ponéis espantos" [<u>BDTEA</u>]):

> A todos ponéis espantos,
> ca tienen por cosa estraña
> ser vuestra amjga tamaña
> que aya loores tantos
> ante la muy escogida,
> noble Reina esclaresçida,
> loada por dulçes cantos.
> Las que son como çentellas,
> fermosas a maravillas,
> sobidas en altas sillas
> non tienen tales querellas;
> njn Reina tan esmerada
> non deve ser comparada
> con las que juegan las pellas.
>
> [...]

Con otros verbos donosos,
que en vos siempre son fallados,
gentiles, retoricados,
todos fueran muy gozosos;
mas éstos tan desdeñosos
son que Constança Frisoa
publica fasta Lisboa
que son dichos enfintosos.

(En Brian Dutton y Joaquín González Cuenca, eds., *Cancionero de Juan Alfonso de Baena*, Madrid, Visor Libros, 1993, pp. 435-436).

Bibliografía

Zinato, Andrea (2001), "*Auctoritates* y poesía: el 'Cancionero' de Fernán Pérez de Guzmán", en J. I. Pérez Pascual, P. Botta y C. Parrilla, eds., *Canzonieri iberici*, vol. 2, pp. 215-230.

Zinato, Andrea (2015), "Poesías y estorias: Fernán Pérez de Guzmán", en M. Haro Cortés, ed., *Literatura y ficción: estorias, aventuras y poesía en la Edad Media"*, Valencia, Universidad de Valencia, vol. 2, pp. 775-791.

¿QUIÉN ES CONSTANZA?

Daniel Eireos Quinteiro

Personajes

Constanza

Acto único

Constanza *entra en escena murmurando para sí y riendo por lo bajo. Lleva puesta una corona de flores, está despeinada y viste con un camisón viejo e informal. En el escenario solo hay una silla sólida y de madera, junto a la que se detiene y en cuyo respaldo apoya los brazos. Después de reír una vez más, habla con el público.*

Constanza. Ha pasado, sí. Y mira tú que se lo advertí. Y ahora anda todo el mundo riéndose de él, ¿quién lo diría? *(Suspira)*. Sé muy bien que yo no debería reírme, o sea, el pobre no se lo merece. *(Ríe)*. Pero es que, como se suele decir, *se lo dije*.

Veréis, que os cuento la historia y por qué me hace tanta gracia. *(Se sienta)*. Aquí nuestro amigo Ferrand Pérez, llamémosle Fer, hizo un poema sobre mí. Sobre mí, ¡exacto! ¿Y quién soy yo? Eso dependerá de a quién preguntéis o, mejor aún, de a quién no preguntéis. Porque para cualquier persona que no sea Fer, yo no soy nadie. No existo.

Y no me pongáis esas caras. Que sí, existo para vosotros, ¿verdad? O sea, ¿hola? Aquí estamos. Pero, seamos honestas, una vez que os marchéis dejaré de existir. Y así es la cosa siempre, para todo el mundo, salvo para Fer.

Él y yo nos conocemos desde siempre. Un par de meses si le consultáis a él pero eso no es verdad. He estado siempre a su lado y en el fondo lo sabe, aunque, después de lo que ha pasado, no sé yo si querrá admitirlo alguna vez. *(Ríe)*.

Se levanta y camina por el escenario, de un lado a otro.

Nací de la poesía, más o menos. De lo que ha escrito sobre mí. Más bien, nací en la poesía. Al comienzo era más abstracta, pero ahora, como podéis ver, hasta tengo un cuerpo. Y, sí, una podría pensar que eso significa que él me creó, pero os estaríais equivocando, porque él también ha nacido de mí. Los dos nos hemos moldeado, el uno al otro, y esa es una relación mucho más compleja que la idea de creación y creador.

54

*Se detiene de nuevo y se acerca a la silla, apoyándose con un brazo
en el respaldo.*

Pero no estoy aquí para hablar de eso ni vosotros para oírme hablar de mi vida, ¿verdad? Hemos venido a chismorrear sobre lo que ha pasado con Fer y con su marqués. En efecto, un marqués, para quien no se haya enterado. Con menuda gente se junta nuestro amigo, ¿eh? Pero como se suele decir, cuanto más alto subes... *(Ríe).*

Volviendo al tema. Resulta que el último poema que Fer ha hecho sobre mí es una locura, pero no de bueno, sino de descabellado. Se ha pasado. Se ha pasado tres pueblos. Alaba hasta mi forma de estornudar, no por discreta y graciosa, no, sino por, y cito *(eleva ambas manos al frente y entona con fuerza)*, "honesta y rotunda" *(Ríe).*

Y, a ver, es bonito, ¿sabéis? ¡Pero no sé yo, eh! Un poco ridículo sí que suena. Si os soy honesta, honesta y rotunda *(al decir esto, vuelve a elevar las manos como antes, pero mucho más rápido y solo para esas palabras, a modo de broma)*, le estoy agradecida.

Toma asiento una vez más.

Yo misma hago cosas parecidas para él, aunque menos exageradas y, eso sí, no las voy publicando por ahí. Y quien afirme escribir poemitas y que nunca le haya salido nada que después produzca vergüenza ajena miente. Miente o es muy aburrido. *(Ríe).* Si esos poemas hubieran quedado entre los dos, tal y como le sugerí, no habría pasado nada. Pero él se empeñó en que el mundo tenía que leerlos. "Que no, que no, la gente lo va a entender", decía. "Tú eres perfecta, hay que estar ciego para no verlo...". ¡Ay!, poco sabía él que eso depende de cada quién, ¿me equivoco? *(Ríe, suspira y, de momento, habla de forma más seria).* Se emocionó y cometió un error. Y la gente no para de señalárselo y de reírse de él. Incluso yo misma lo hice la última vez que hablamos... Y quizás no haya sido mi mejor reacción. Porque, para empezar, ¿qué le importará al marqués ese lo que haga Fer con su vida? Quiero decir, entiendo que se ría en el momento, yo misma lo hice, pero de ahí a escribir toda una respuesta y publicarla también... Nosotras no le estamos haciendo daño a nadie. Pero tampoco puedo defender a Fer, yo misma le advertí que esto iba a suceder... Después de haberle animado a escribir y de haberle acompañado durante todo el camino, claro... Quizás tenga parte de la culpa, ¿no? *(ríe, pero, de forma más contenida y breve).*

*Se pone en pie, se quita la corona de flores, que deja en la silla, se estira
y continúa hablando.*

El ridículo se veía venir y si no me hizo caso fue por orgullo y cabezonería Aunque eso no justifica lo que está pasando. Todas tenemos cosas que contar y no siempre tienen que ser del gusto de los demás. Tampoco digo que todo valga, ¿eh? Que ya os veo venir. Hay que tener buen gusto, por supuesto. Si yo os contara cada cosa que he visto... *(bufa)*, cosas que seguramente les gusten a algunos de los que se han reído de Fer, pero que si nos detuviésemos a verlas ahora convertirían este monólogo en el que estamos en uno de terror. Y no por historias de fantasmas, precisamente.

Ríe una vez más y se apoya de nuevo en el respaldo de la silla.

Volvamos al punto, que, si no, no acabamos nunca. Todo esto me está empezando a preocupar, ¿sabéis? ¿Y si Fer no es capaz de superarlo? ¿Y si decide dar marcha atrás y no volver a verme ni a escribir jamás? ¿Y si todo esto ha sido para nada? Ninguno de los dos queremos eso. No creo que ni si quiera los que se han reído de él pretendan eso, aunque sea para poder seguir riéndose en el futuro. Porque lo que es ridículo lo es..., por mucho que sea una verdad.

Mira a la silla y hace un amago de querer sentarse, pero no lo hace. Permanece de pie y se vuelve al público.

Nuestra verdad... Siempre le digo que se guarde las cosas para sí mismo, que no es necesario que el resto del mundo esté al tanto de sus pensamientos para que yo pueda existir. Pero él insistió en que tenía que ser *real*. Y ya veis, ¿no? Tan real que soy ahora y tan desaparecido que va a tener que estar él.

No sé yo si esto es lo que él esperaba... Pero ¿qué digo? *(Ríe)*. Por supuesto que no. En su cabeza todo era perfecto, yo era perfecta... Y ha acabado siendo el mayor hazmerreír del siglo. *(Se forma un momento de silencio, hasta vuelve a suspirar)*. Hablaría con él, pero no voy a poder hacerlo hasta que vuelva a escribir. Y, además, quizá no sea la más adecuada para tratar estos temas. Yo, que me río de todo. Supongo que ninguno de vosotros podrá ir a buscarlo y darle una palmadita en la espalda de mi parte, ¿no? *(ríe por lo bajo)*. Imagino que no. Os digo lo siguiente: si tenéis a alguien en una situación parecida entre los vuestros, dadles esa palmadita. Pueden necesitarlo.

Deja la silla, se estira de nuevo y, dejando atrás la corona de flores, se despide.

Pero no los animéis a hacer locuras, ¿eh? Como subirse a un escenario y contar todo lo que os he contado. O dar por sentado que la vida va a ser un mar de rosas. Que hay gente ahí afuera que no se sabe reír. Y bien sé yo lo peligrosas que somos.

Ríe una última vez y abandona el escenario.

Telón

LA JUGLARA ROSA

Se trata de la mujer de <u>Garçi Ferrández de Gerena</u>, mencionada o aludida en los poemas del *Cancionero de Baena* en que Gerena da cuenta de diferentes avatares de su vida: "García Fernández de Gerena (¿1350-1410?) era contemporáneo de <u>Alfonso Álvarez de Villasandino</u>. De vida muy agitada, se enamoró de una juglaresa mora, que creía tener mucho dinero. El Rey le permitió casarse con ella, pero resultó que era pobre, y en 1385 se quejaba amargamente de su desengaño (PN1-556). Se retiró a una ermita cerca de Gerena (Jaén) (PN1-561-563), pero poco después decidió ir a Jerusalén con su mujer. En 1388 emprendió el viaje, deteniéndose algún tiempo en Málaga (PN1-564). Después pasó a Granada, donde renegó, sedujo a su cuñada (PN1-565), y después de trece años, volvió a Castilla en 1401, cargado de hijos y sin haber salido de la pobreza. Alfonso Álvarez de Villasandino (PN1-107) le condenó 'quando se tornó moro… segunt dize o vello almirante'. En 1401 <u>Fernán Manuel de Lando</u> le dirigió un poema irónico (PN1-279), donde cuenta algo de su vida y confirma casi todos estos datos" (Dutton, Brian y Joaquín González Cuenca, eds. [1993], *Cancionero de Juan Alfonso de Baena*, Madrid, Visor, p. 439).

En la desfecha a la cantiga que "fizo el dicho Garçi Ferrández después de la batalla de Aljubarrota por la entençión de aquel su feo e mal casamiento", menciona a una mujer llamada Rosa (ID1679, PN1-557, "De la montaña, montaña" [<u>BDTEA</u>]):

> De la montaña espaçiosa
> al partir de aquesta gente,
> una, que chamavan Rosa,
> maldeziendo de talente;
> -tal nombrar non osaría-
> de la montaña partía.

(En Brian Dutton y Joaquín González Cuenca, eds., *Cancionero de Juan Alfonso de Baena*, Madrid, Visor Libros, 1993, p. 441).

Citada o aludida en estos otros poemas de Gerena: ID1678, PN1-555, "Por leal servir, ¡cuitado!" (BDTEA); ID1183, PN1-556, "Por una floresta estraña" (BDTEA); ID1680, PN1-558, "Ruiseñor, véote quexoso" (BDTEA); ID1685, PN1-563, "¡Oh Valiente abastado" (BDTEA); ID1686, PN1-564m "Quien faze mover los vientos" (BDTEA); ID1687, PN1-565, "Convenme biver" (BDTEA).

Bibliografía

Parrilla, Carmen (2003), "La obra poética de Garci Fernández de Gerena", en J. L. Serrano Reyes, ed., *Actas II Congreso Internacional* Cancionero de Baena *in memoriam Manuel Alvar*, Baena, Ayuntamiento y Delegación de Cultura, vol. 1, pp. 119-142.

LA HERENCIA DE LA JUGLARA

Lucía Álvarez Martínez

Personaje

Soledad

Acto único

Escenario iluminado, que representa un salón de actos. A la derecha del espectador hay una papelera. Entra Soledad *por la izquierda, vestida de manera informal y con un sobre en la mano; lo enseña al público y lo guarda en el bolsillo de la chaqueta.*

Soledad *(dirigiéndose al público).* Hola. ¿Cómo están? *(Pausa).* Pues bien, ¿podrían...? Ah, olvidaba presentarme. Mi nombre es Soledad, aunque todos me llaman Sole. Pero eso no es lo importante. Como les decía, ¿podrían ayudarme? Sé que no me conocen, pero les agradecería... En fin, que necesito su consejo. *(Juega con la melena, nerviosa, pero tratando de que no se le note, con una sonrisa).* En verdad es una niñería, pero les ruego que me escuchen. La historia tiene su miga.

Nací en Pontedeume en el 40, es decir, un año después del fin de la guerra. De esto hace ya cincuenta años, tantos como tenía mi abuela cuando su hija dio a luz. Sí, las dos tuvieron embarazos muy jóvenes. La cuestión es que el parto fue complicado y, por desgracia, perdí a mi madre. *(A medida que avanza el relato se le va borrando la sonrisa).* En fin, que no la conocí. Me crie con Rosa, mi abuela, que en paz descanse. En aquel tiempo ya sabrán que una mujer musulmana, inmigrante, sola, de pueblo y que mezclaba el gallego con el castellano no estaba bien vista.

Bueno, pues vivíamos como podíamos. Había hambre, miseria y desgracia, como en toda posguerra, pero a mí no me faltaban mi plato de comida ni mis lecciones en la escuela. Se preguntarán quién era mi abuelo. Pues bien, se llamaba Garçi Ferrández y su nombre era lo más bonito o, mejor dicho, lo único bonito que tenía, era musical y largo, de esos que parecen de nobles. Es verdad, éramos nobles... de alma.

60

Como iba diciendo, mi abuelo decidió un día, no sé muy bien por qué, marchar a Jaén para pasar un tiempo en una ermita cercana a Gerena. Mi abuela me lo contaba y yo le imaginaba protagonista de esas novelitas de aventuras que solía leer. El caso es que después se fue a Málaga y de ahí a Granada. En fin, que el suyo parecía un viaje en globo, como el de los personajes de Julio Verne. La gota que colmó el vaso fue su último periplo, del que volvió más pobre de lo que se había ido. Mi abuela, llena de rabia, lo echó de su casa. Yo creo que actuó bien, que su marido venía de disfrutar de los placeres con más de una, entre ellas con su cuñada.

En resumen, estábamos mi abuela y yo solas y en soledad debíamos salir adelante. Al faltar mi madre y no conocer a mi padre, mi abuela dijo: "Aquí se acabó la pobreza. ¡Por un futuro mejor para la niña, aunque tenga que pedir en la esquina de la calle!". Tuvo que buscar un trabajo, a su edad y sin estudios, para darme un porvenir. Como le gustaba cantar, empezó a componer piezas cortas, con rima, para poder recordarlas mejor. Siempre se ponía en la misma esquina, frente a la cafetería de los Castro, y cantaba sus *copliñas* para quien quisiera oírlas y darle unas monedas. Con eso y una pequeña ayuda que recibíamos, pudimos llevar una vida decente y digna.

Un día… (*Suena el móvil* de Soledad *en su bolsillo. Lo saca y responde*). Disculpen. ¿Diga? Sí, soy yo. ¡Cómo olvidarlo! Lo sé, lo sé. Tenga un poco de paciencia, señor González. Ya verá que sí, cumpliré el plazo. Le prometo que no me demoraré. Ahora tengo que dejarle, que estoy en una reunión. Adiós, pase buena tarde. (*Cuelga y guarda el móvil donde lo tenía*).

En fin, una simple llamada, pero… me puede cambiar la vida. ¿Por dónde iba yo? (*Tocándose la cabeza e inclinándola hacia un lado para pensar*). Ah, sí. En ese momento sí que nos cambió la vida de verdad. Llamaron a mi abuela al fijo, que por entonces no había móviles. ¡Qué felicidad! Era una vecina que la había oído cantar y, maravillada por su voz, le proponía trabajar en una banda musical regional. Con el dinero que allí ganó creció nuestra economía. ¡Vaya si creció! Pero nadie apuesta fuerte por una pueblerina, señores; nadie quiere a una musulmana, señoras. No es que las musulmanas no fuésemos como las demás, pero en la industria musical española y en aquel tiempo… A mi abuela la llamaban *la mora*…, no era realmente valorada. (*Se queda pensativa un instante*). Me da igual. Cantaba bien y eso es lo importante.

Sin embargo, hasta las personas más buenas y luchadoras se van cuando menos lo esperamos. Mi abuela tuvo la suerte de morir rodeada de quienes la queríamos, en su casa del pueblo, con su nieta, su hermana y sus amigas más cercanas. Ya han pasado diez meses desde entonces. ¡Cien años tenía! ¡Cómo vuela el tiempo! ¡Y cómo la echo de menos!

Alguna lágrima cae por sus mejillas. Saca un pañuelo del bolsillo de la chaqueta para secarse la cara y se le cae la carta al suelo. Se agacha para recogerla. Mira el sobre y lo levanta, mostrándoselo al público.

Cuando creía que empezaba a superarlo... Cuando pensaba que el recuerdo de mi abuela se había quedado en mi corazón y nunca más volvería a tener que mencionar su historia..., aquí estoy, con esto. *(Mirando el sobre)*. Ayer me lo dejaron en el buzón. *(Saca la carta y lee)*. Dice claramente: "Estimada señora Rosa Fuentes Gómez, *juglara* de Pontedeume". ¡Pero es que mi abuela no era *juglara*! Era cantante. En todo caso, sería juglaresa, ¡pero juglara...! Incluso después de su muerte, ¡cuánto tacto y cuánta pompa!

Aquí explican que van a hacer una carretera y que va a pasar por una de sus fincas. Al parecer, son unas tierras que todavía están a su nombre, como si no hubiese constancia de su muerte ¿No les parece raro? Nunca me habló de ellas. Con la miseria que pasamos, ¿no creen que las habría vendido si hubiese sabido de su existencia? Pero es que la carta viene del ayuntamiento, del *concello*.

Tras una pausa, retoma el discurso con determinación.

Muy bien, supongamos que sí, que esos terrenos eran de mi abuela y que no sabíamos de ellos. ¿Ahora me pertenecen a mí? ¿O debo entregarle la carta a mi tía abuela Teresa? Después de haber sido la amante del abuelo en Andalucía, tuvo la cara de presentarse cuando mi pobre abuela estaba en las últimas y de venir al entierro. ¿Y ahora me corresponde entregarle la carta? ¿Después de lo mal que nos lo hizo pasar?

(Suena el móvil de SOLEDAD. *Lo saca del bolsillo)*. Disculpen. *(Responde)*. ¿Diga? ¿Pero qué quiere otra vez, abogado González? ¿Cómo? No puede ser... Está bien, ¿cuándo lo han sabido? ¿Cómo? Vale, vale.

*Cuelga la llamada y guarda el teléfono en el bolsillo. Se queda pensativa
un instante antes de seguir hablando.*

Ya está. Decisión tomada. Teresa se queda con todo.

No hay otra alternativa.

Ella es... Todavía no lo creo. Ella es mi verdadera abuela. ¡Cuántos años vivimos mi madre y yo engañadas! ¡Cuántos años!

Se acabó. Su ambición y su deseo de acumular posesiones la han llevado a presentar pruebas irrevocables, pruebas que demuestran que Bernarda, mi madre, era su hija. Al parecer, mi abuelo le dijo a Rosa que la había encontrado abandonada en la calle y ella... ¡Qué buena mujer era! ¡Y qué despropósito!

Con rabia, rompe la carta y el sobre, y los tira en la papelera.

Con estas líneas se va la última mención a *la juglara*, el último documento que la recuerda. Ni siquiera me quedan las grabaciones de sus *copliñas*, pero Rosa siempre, siempre será mi abuela.

Esta es la desgracia que acecha a las personas buenas de corazón: que la falta de conciencia intente hacer desaparecer su marca imborrable. En mi familia ya ha ocurrido. Ustedes aún están a tiempo de evitarlo en las suyas. A mí solo me queda esperar para ver quién más reclama la herencia de *la juglara*. ¡A saber cuántos tíos y primos vendrán ahora con el interés de conocer a su querida familia!

Saluda al público, atraviesa la escena desde el lugar en el que está la papelera y se va por la izquierda del espectador.

Telón

LA MAQUETA

María Vila Tarela

Personajes

Rosa
Marcos (no habla)
Amelia (no habla)

Acto I

Escena única

El escenario está dividido a la mitad por una pared. En la parte derecha se ve un salón; en el lateral derecho, una puerta blanca. En primer término hay una mesa y cuatro sillas rodeándola. Al fondo se adivina un sofá y, sobre él, unos cuadros con fotografías. Puerta de madera a la izquierda.

La parte izquierda del escenario muestra un dormitorio. Cama con colcha morada y almohada blanca en primer término. En el lateral derecho hay una puerta de madera que conecta la habitación con el salón.

En el dormitorio, Marcos y Amelia se besan con pasión, tumbados en la cama, el uno sobre la otra. No hacen ningún ruido. Rosa entra por la puerta blanca del salón. Lleva una funda de guitarra colgada y en la mano las llaves de casa. Deja la funda en el sofá. Se acerca a la mesa y deja las llaves. Se sitúa a la izquierda de mueble, frente a él.

Rosa. Lo he hecho… *(Mira la superficie de la mesa, pensativa. Habla en tono bajo).* Lo he hecho… Solo falta… *(Mira su bolso y lleva las manos a él).* No, no puedo hacerlo… *(Mira la mesa).* ¿Cómo voy a…? Es una locura. *(Deja el bolso en la silla que tiene a su lado).* Aunque, ¿y si funcionara? ¡Qué locuras dices, Rosa! ¡Baja ya a la tierra! *(Le da la espalda al bolso y deja caer los brazos).* No soy nadie. ¿A quién pretendo engañar? Es una tontería hacerlo. *(Silencio unos segundos).* Pero… ¿y si no?

Se vuelve, abre el bolso y saca un pendrive. Lo levanta hasta que queda a la altura de sus ojos. Lo mira fijamente, sonríe, esperanzada.

¿Y si no? *(Frunce el ceño)*. Rosa, ¿tú te estás escuchando? ¡Tonterías! ¿Seré una estúpida por pensarlo? *(Silencio. Se gira hacia el público y se cruza de brazos)*. ¿Vosotras pensáis que soy una estúpida? ¡Oh, madre mía! Yo me lo parezco. No sé qué hacer. *(Deja el dispositivo sobre la mesa y apoya sus dos manos en el respaldo de la silla. Mira al suelo, con gesto triste)*. Una estúpida redomada. *(Mira al público)*. ¿Veis? *(Se incorpora y se pone frente al auditorio, cruzada de brazos. Se toca la frente. Se muestra turbada)*. Debo pareceros una chiquilla tonta con muchos sueños y pocas luces. ¿Quién no quiere soñar? *(Deja caer sus brazos)*. ¡Ya me gustaría dejar de ser una indecisa y que todo fuera más fácil! Que las cosas se arreglaran… ¿es tanto pedir? ¿Veis este dichoso aparejo? *(Señala el pendrive)* ¿Lo veis? Tan pequeño. Tan ridículo. ¡Para ridícula yo! Me tortura un pedazo de plástico. *(Suspira)*.

Amigas mías, ¿qué debo hacer? *(Mira a varios puntos entre el público)*. Esta mañana fue muy fácil expulsar los malos pensamientos de mi cabeza. Estaba exultante, cantando con mi guitarra en el estudio de un amigo mío y de mi marido. Él mismo dijo que parecía un ángel. Hecha para el escenario. Esas palabras reforzaban mi decisión. En cambio, al volver a casa… *(Su voz se apaga. Mira a la mesa. Se lleva la mano a la frente una vez más)*.

Es normal que os sorprendáis de que me haya atrevido a grabar. *(Mira de nuevo al público)*. Con lo bien que me conocéis, vosotras, mis confidentes, sabéis el miedo que tengo a los cambios. ¡Si la única vez que acepté uno me llevó a la miseria! Me conformo con lo que tengo, de verdad. Pero hay un motivo para hacer lo que he hecho. Os lo contaré, pero no digáis nada a mi marido. ¡Oh, Marcos! ¡Qué tranquilo estás sin esta dura decisión sobre tus hombros!

En el dormitorio, Marcos *y* Amelia *siguen besándose.* Marcos *la acaricia bajo la camiseta.* Amelia *le desabrocha la camisa.*

Pues ved, amigas mías, que el otro día toqué en la Plaza Mayor. Lo recordáis, ¿verdad? Algunas fuisteis a verme. (Rosa *mira con ilusión al público)*. Cantaba *Con las ganas*, de Zahara. Cuánto me gusta esa melodía, tiene una fuerza, un sentimiento… Me emociono cada vez que la interpreto. Pues allí estaba yo, rodeada de gente que se había parado a escucharme. Cuando acabé, me aplaudieron y me dieron bastantes monedas. ¡Qué felicidad! ¡Podría comprar incluso yogures para los críos! *(Mira a la puerta de entrada. Su expresión es de tristeza)* ¡Ay, mis niños! *(Vuelve a mirar al público)*. Un hombre se acercó. *(Habla sonriendo)*. Me tendió una tarjeta y… ¿sabéis qué me dijo? "Me gusta tu voz. Mándame una maqueta antes de dos semanas y cambiaré tu vida". *(Junta las palmas a la altura del pecho mientras mira al techo)* ¡Ay, qué alegría me dio! *(Vuelve a mirar al público)* Cuando superé el estado de shock, no pude dejar de pensar que quizá la suerte estaba llamando a mi puerta, por fin. *(Separa las manos de forma rápida, dejándolas extendidas, con las palmas abiertas, hacia el público)*. Como para no. ¡Era un productor de música del estudio de Anasound! *(Gira las manos, las palmas hacia el techo. Las sacude adelante y atrás)*. ¡De Anasound! ¡Una de las mejores discográficas de España! Un sueño. No me lo creía. Luego llegué a casa... *(Deja de sonreír, con gesto triste)*.

Mientras ROSA *habla,* MARCOS *y* AMELIA *se quitan la ropa el uno al otro. Se meten bajo las sábanas y simulan realizar diversos actos sexuales hasta el final de la escena.*

Ya sabéis cómo es *(con tono apagado)*. Estaba cansado y el día no había ido bien. *(Deja caer los brazos. Se muestra nerviosa)*. No es culpa suya. *(Se encoge de hombros. Mira al suelo)*. Sé que no me dice todas esas cosas en serio. *(Mira al público)*. Me quiere. Por eso se casó conmigo. Pero qué cosas más feas me soltó aquella noche. *(Hace amago de llorar)*. ¡Ay, amigas! Una mujer no merece eso. ¡Qué ingratos pueden ser con nosotras! *(Con gesto preocupado, pasea la mirada por el público)* ¿Será verdad eso que dice en sus canciones? ¡No! No puede ser. Lo dirá para atraer gente. Ahora el mal lenguaje vende. Si no, miren esos raperos que sueltan un taco cada diez palabras. O esos cantantes, que aprecian más nuestros culos que nuestros corazones. ¡Sí! Eso debe ser. Puro marketing. *(Saca un pañuelo del bolsillo del pantalón y se limpia los ojos, secándose las lágrimas. Lo guarda de nuevo. Habla preocupada)*. Se esfuerza mucho. Solo quiere sacarnos de esta situación. Aunque me llame fea y mentirosa, yo sé que no es verdad. No puede serlo. *(Mira al infinito, con gesto dulce y sonríe ligeramente)*. Con lo bonita que fue nuestra historia. A pesar de las amarguras actuales nada puede opacar ese amor.

Éramos unos críos, ¿sabéis? Yo apenas llevaba dos cursos de medicina cuando lo conocí. *(Suspira)*. Recuerdo ese día como si fuera ayer. ¡Y ya han pasado quince años! *(Parece sorprenderse. Después, mira a un punto fijo, como perdida en los recuerdos)*. Era un día soleado en Barcelona. Como hoy. Se notaba que llegaba el verano. Salía de la facultad con mis amigas. En la acera de enfrente, un chico de mi edad, delgado y moreno, tocaba la guitarra mientras cantaba "You'll be in my heart", de Phill Collins. Sonaba tan armónico... tan angelical. Me enamoré a primera vista. Y a él le ocurrió lo mismo, que yo lo sé. *(Mira a algunos espectadores mientras sacude el dedo índice derecho en su dirección. Después, con la mirada perdida y las manos juntas en el regazo, sigue recordando)*. Cuando acabó, hablamos e intercambiamos números. Mis padres se opusieron fieramente a nuestro amor. *(Muestra una expresión turbada)*. Decían que era un pobre barriobajero, que no podía aportarme nada bueno. Amenazaron con darme la espalda si seguíamos viéndonos. *(Con gesto triste)*. Sé que ellos solo querían lo mejor para mí, pero aquella actitud me rompió el corazón. Por eso no dudé cuando me dijo que nos casásemos en secreto. Que todo daba igual. Que solo estábamos él y yo. *(Sonriendo)* ¡Qué bonito resultó por un momento! Casarme fue la primera decisión alocada que tomaba en toda mi vida. *(Su sonrisa desaparece)*. ¡Qué desgracia! *(Se tapa la boca con las manos rápidamente.*

Habla alterada). ¡Olvidadlo! ¡Olvidad mis palabras! No quería decir eso. ¡Casarme con Marcos fue maravilloso! Fuimos muy felices, pero mis padres jamás me lo perdonaron. La historia de siempre. Me volvieron la espalda y yo me fugué con mi amor. El resto ya lo sabéis. Tratamos de ganarnos la vida como pudimos. Aún recuerdo que me dijo: "Lancémonos a la aventura. Tu voz es como la melodía de los ángeles. ¡Coge tus cosas, parte del dinero de tus padres y vámonos a cantar por el mundo!". Era una idea pueril y maravillosa, una utopía, al fin y al cabo. Me fui sin llevarme un solo céntimo de mis padres. Quince años después, con dos hijos y mil deudas, somos una sombra de lo que fuimos. ¿Debería culparlo por reconocer tan abiertamente que se arrepiente de todo? *(Da un paso hacia delante, gira su cuerpo en diversas direcciones cada vez que lanza una pregunta)* ¿Debería recriminarlo por hablarme tan mal? ¿Por ni siquiera mirarme? ¿Por culparme de todo? ¿Por recordarme que estamos así porque me negué a coger el dinero de mis padres? *(Resuelta).* ¡Yo creo que no! ¡Debería respetarme más! ¡Soy su mujer! *(Se calma).* Mucho me advirtieron mis amigas que lo dejara. Que no era buen hombre. Que no tenía derecho a tratarme así. Yo hice oídos sordos a sus consejos, porque lo amaba... y lo amo. Y ahora... *(Mira hacia la mesa y vuelve la cabeza rápidamente al público).* Esta decisión pesa sobre mi conciencia. He grabado ya la maqueta, sí. Amigas, debo confesaros algo. *(Se muestra preocupada).* Hablé con el productor ayer, cuando Marcos se fue de casa, enfadado como de costumbre. Dijo que, si el producto convencía a su equipo, comenzaría a guiar mi carrera, pero, para eso... *(titubea)* habré de mudarme a Guadalajara, donde está la productora.

¿Cómo se lo tomará Marcos? No debería poner pegas, esto nos sacará de la pobreza. Pero... es tan sentido... Le gusta tanto Valencia que no querrá marcharse de aquí. ¡Y yo estoy harta! *(Se cruza de brazos).* ¡Harta de tanta deuda! ¡De tanta hambre! ¡De cantar por las calles con este calor horrible! ¡Solo por diez o doce míseros euros al día! Si no hubiera dejado medicina... *(Se lleva la mano al pecho).* El amor de Marcos todo lo pudo.

Debo hacerlo. *(Mira al público. Habla más alto, con gesto decidido).* Debo enviarla. No queda tiempo. Ayer, por la mañana, llegó otra carta del dueño de la casa. Nos desahuciará por falta de pago. He de aceptar la posibilidad de trabajar en Guadalajara. *(Baja el tono).* ¿Qué pensará él? *(Sacude la cabeza).* Da igual. *(Habla con tono decidido).* ¡Ya basta de tanta miseria! Puedo aguantar que se queje de lo fea y mentirosa que soy, que se arrepienta de haberse casado conmigo, incluso que me grite por lo que voy a hacer. Pero lo que no voy a tolerar es que mis hijos duerman en la calle. *(Vuelve a mostrar un tono dubitativo, con gesto turbado).* Será un gran cambio. Es una gran decisión. Tal vez deba hablar con él. Un matrimonio toma decisiones hablando. *(Sonríe).* Sí, eso haré. *(Mira el reloj que hay en la pared).* Dijo que hoy iría a la playa. Aún queda una hora hasta que llegue. Saldré a comprar yogures y, cuando vuelva, se lo contaré. *(Coge el bolso y se lo cuelga del hombro).* Eso haré. *(Guarda *el pendrive en el bolso y se dirige a la puerta.* MARCOS *y* AMELIA *siguen en la cama.* ROSA *mira al público un momento).* Muchas gracias por escucharme, amigas. Me ayudáis mucho. *(Sale)*

Telón.

Acto II

Escena única

ROSA *está en el medio del salón, furiosa. Tiene los ojos rojos, la voz rota y las mejillas empapadas de lágrimas.* MARCOS *y* AMELIA, *cerca de la puerta, se visten con rapidez y salen.* MARCOS *hace amago de girarse y de acercarse a su mujer.*

ROSA *(a gritos).* ¡Fuera! ¡Fuera los dos! ¿Cómo os atrevéis? ¡Fuera de mi casa! ¡Traidores! ¡Malnacidos! *(Mira más allá de la puerta).* Tú, que tienes el descaro de decirme hermana, de llamar a mi puerta y hablarme con, ahora lo sé, falso amor. ¡Huye! Esconde la cara. ¡Qué vergüenza! La tristeza y la culpa que sentirás por perderme bien merecida la tienes.

(Mira a MARCOS, *habla más bajo, con tono duro).* Y tú, miserable, ¿aún pisas esta casa? ¿Y eres capaz de mirarme? Tu expresión arrepentida no me afecta. ¡No! ¡No hables! Mucho me has dicho desde que nos conocimos, aquel horrible día de mayo. *(Niega con la cabeza).* ¿Cómo has podido hacerme esto? *(Se señala a sí misma).* Con todo lo que yo te amo. *(Hace aspavientos con las manos, que acompañan sus palabras).* Te lo di todo. Dejé mi vida por ti. Hasta abandoné mi país cuando te entró la paranoia religiosa y decidiste que debíamos hacer el peregrinaje a Jerusalén. ¡Hasta el fin del mundo te seguí! ¿Y qué recibo a cambio? Burdas palabras e insultos durante años. Humillación tras humillación. Lo aceptaba sin rechistar, sin queja alguna, ante ti, ante nuestros hijos, ante todo el mundo. Pero hasta aquí. ¡Se acabó! Esta es la gota que colma el vaso. *(Señala más allá de la puerta con la mano extendida).* ¡Acostarte con mi hermana! Por Dios, Marcos, ¡en qué pensabas! ¡Me tienes harta! No pienso aguantar más miseria por ti.

(De brazos cruzados). No, no me mires así, querido *(con ironía).* No tienes ningún derecho a estar enfadado. Yo soy la cornuda, la que va a aguantar las miradas de compasión y los cuchicheos de las vecinas. *(A gritos).* ¡Yo, Marcos, yo! No tú. Yo voy a sacar a nuestros hijos adelante, porque tú y tus fanáticas ideas de fama nos han dejado en la ruina. ¿No me has oído? *(Señala la puerta)* ¡Vete! Aquí ya nadie te necesita. *(*MARCOS *sale).* ¡No quiero volver a verte en mi vida!

Avanza hacia la mesa, se sienta en una de las sillas y se cubre la cara con las manos. Tiembla como si llorara. Pasan unos segundos. Separa la cara de las manos y las mira fijamente.

68

¿Qué haces, Rosa? ¿Por qué estamos llorando por él? No. *(Se levanta. Levanta el brazo, con el índice estirado, como si estuviera regañando a alguien delante de ella).* No vamos a llorar más por él. Jamás. Ese baboso desagradecido no se merece ni una de nuestras lágrimas. *(Se gira hacia la pared izquierda, con las manos juntas posadas en el pecho).* Recuerda lo que siempre decía mamá: ¡por un hombre no se llora! *(Baja las manos, deja los brazos tensos a ambos lados del cuerpo, los nudillos cerrados en puños).* Pues esta vez seguiremos su consejo, Rosa. No vamos ni a lamentarnos ni a echarnos atrás. Marcos es cosa del pasado. Y Amelia… *(Afloja los puños).* Ya me dará las explicaciones pertinentes, si quiere dármelas. Eso es. Se acabaron las tristezas, las miserias y los insultos. Vamos a valorarnos, Rosa. *(Se gira y mira su bolso, que está sobre la mesa).* Y vamos a empezar desde ya. *(Abre el bolso. Rebusca en su interior hasta que encuentra el objeto. Lo saca y lo eleva a la altura de los ojos).* Vamos a hacerlo. *(Cierra el puño en torno al pendrive).* ¡Fuera miedos! Vamos a por todas.

¡Niños! *(A sus hijos, que juegan en la calle)* ¡Entrad! ¡Venid aquí, con mamá, que va a cuidaros siempre! Nuestra vida va a cambiar. Pronto tendréis todo lo que yo tuve a vuestra edad. Y vuestro futuro será tan brillante como una vez fue el mío. *(Les sonríe desde la distancia).* Y vosotras, amigas queridas, olvidad el horrible episodio que acabáis de ver, ¡que ya pasó! ¡Vamos a celebrar la vida!

Telón

ANGELINA DE GRECIA

"En 1402 <u>Tamorlán</u>, rey Tártaro de Samarcanda (1369-1405), regaló a <u>Enrique III</u> una esclava, <u>Angelina de Grecia</u> y su hermana María, hijas de Juan II, príncipe de Hungría, capturadas en 1402, cuando venció al sultán otomano <u>Bayaceto</u> (1339-1403). Es la Angelina alabada por Francisco Imperial en el poema PN1-240. Llegó a Sevilla en 1402, y más tarde se casó con Diego González de Contreras, regidor de Sevilla, muerto en 1437" (Dutton, Brian y Joaquín González Cuenca, eds., *Cancionero de Juan Alfonso de Baena*, Madrid, Visor Libros, 1993, p. 292).

Los poetas del *Cancionero de Baena* que aluden a Angelina son los siguientes:

— <u>Ferrán Manuel de Lando</u>. ID1403, PN1-269, "En rica muda de çera" (<u>BDTEA</u>).

— Alfonso de Moraña. ID1405, PN1-271, "Señor, mucho andades fuera" (<u>EDTEA</u>).

— <u>Francisco Imperial</u>. ID1375, PN1-240, "Gran sosiego e mansedumbre" (<u>BDTEA</u>):

> Grant sosiego e mansedumbre,
> fermosura e dulçe aire,
> onestad e sin costumbre
> de apostura e mal vejaire,
> de las partidas del Caire
> vi traer al Rey de España,
> con altura muy estraña,
> delicada e buen donaire.
> [...]
> Paresçía su semblante

70

dezir: "¡Ay de mí, cativa!

Conviene de aquí avante

que en servidumbre biva.

¡Oh, Ventura muy esquiva!

¡Ay de mí! ¿Por qué nasçí?

Dime: ¿qué te meresçí?

¿Por qué me fazes que sirva?"

(En Brian Dutton y Joaquín González Cuenca, eds., *Cancionero de Juan Alfonso de Baena*, Madrid, Visor Libros, 1993, p. 292).

Bibliografía

Álvarez Ledo, Sandra (2013), "Tópicos y circunstancias en una disputa amorosa del *Cancionero de Baena*", en M. Brea *et al.*, eds., *Parodia y debate metaliterarios en la Edad Media*, Alessandria, Edizioni dell'Orso, pp. 367-377.

Chas Aguión, Antonio (2008), "*A vezes me veo en tierras de Ungría*. Tras las huellas de las embajadas castellanas a Oriente en los inicios de la poesía de cancionero", *Il Confronto letterario*, 50, pp. II-XXV.

Toole Kahane, Renée y María Rosa Lida de Malkiel (1960), "Doña Angelina de Grecia", *Nueva Revista de Filología Hispánica*, 14-1, 2, pp. 89-97.

RECUÉRDAME

Alba María Gallego Pérez

Personaje

CASANDRA DE TROYA
ANGELINA DE GRECIA (no habla)

Acto único

El escenario está oscuro. Al fondo se escuchan voces difusas, cuerdas y un objeto arrastrado por una superficie grumosa. Aparece un círculo de luz en medio del escenario que ilumina a CASANDRA, *quien está sentada con las piernas estiradas en la arena. Viste un peplo de lana blanco y va descalza. Mira al frente, hacia arriba y hacia la derecha. Al mirar a la izquierda da un pequeño salto desplazándose unos centímetros a la derecha, se pone de rodillas y mira hacia la izquierda, sonriendo.*

CASANDRA. ¡A ti no te esperaba! *(Mira hacia todos los lados).* ¿Cómo te llamas? *(Espera).* Perdona, eres la primera en mucho tiempo que viene a visitarme, me he emocionado. Mi nombre es Casandra, princ... *(Deja de sonreír).* No te preocupes. ¿Cómo te llamas? *(Espera).* Curioso nombre: mensajera *(Pausa).* ¿Celestial? *(Tono incrédulo).* ¿Angelina, estás segura? ¡Perdón, perdón! Hay circunstancias que no puedo ver, los cambios en la lengua, por ejemplo, y tu nombre ha debido resignificarse con los siglos. Cuestiones tan específicas están fuera de mi alcance *(Pausa).* Veo el futuro *(rotunda).* Sé todo lo que va a pasar, mi historia, tu historia, la historia del mundo. . *(Se queda callada y mira al frente unos instantes, luego sacude la cabeza enfocándose de nuevo hacia su izquierda).*

Perdón, a veces me pierdo en mis pensamientos, motivo por el cual piersan que estoy loca. Uno de los dos. El otro es porque intento advertirlos de su futuro y nadie me cree. *(Pausa y hace un gesto de calma)* ¡No te alteres con mi familia, por favor! No era su culpa... Todo fue a causa de Loxios *(rencor en la voz y pausa).* ¿Febo? *(Baja los hombros y luego hace un gesto de hastío).* ¡Apolo! Odio decir su nombre. Nadie puede creerme cuando le hablo de su futuro, ni siquiera el mejor de mis hermanos..., que me maldijo *(Al callar mira al frente y recoge un poco sus piernas)*. Tú eres diferente, eres una persona del futuro contemplando el pasado, mi contrario y complemento, aunque sé que si te dijera tu futuro no me creerías. ¡Qué más da! Si total mi destino, tu destino…, nuestro destino no es nuestro… A mí me controlan los hados y a ti los hombres… y no es lo único que tenemos en común. *(Vuelve a girarse hacia la izquierda, esta vez con la cabeza apoyada en las rodillas y escondiendo la cara del público)*. Soy una esclava, Casandra de Troya, esclava del rey Agamenón *(tono de asco)* y tú también lo eres, Angelina, solo que el rey al que perteneces no… Mejor no digo nada, la maldición. *(Pausa)* ¡No insistas! *(Alza la voz y levanta la cabeza, se la cubre con la mano, se incorpora, mira hacia el foro, vuelve a sentarse y mira al frente)*. No insistas, no voy a arriesgarme con la maldición, podrías dejarme sola y tú serás la última. *(Pausa)*. Moriré al poco de llegar a Micenas, la esposa de mi amo quiere venganza y yo estaré en medio.

Mi futuro es pasado para ti *(sonríe y niega con la cabeza)*, por eso no tengo miedo de que dudes de mí, no se duda de la realidad que ya ha pasado en el tiempo. Lo frustrante es que no puedo hacer nada… ¡Siempre la impotencia de no poder hacer nada! Son tan necios, tan inconscientes, cometen los errores más banales y arrogantes… Los hombres no han cambiado a través de los tiempos, ya sea que los controlen los hados ya sea que tengan libre albedrio. *(Su tono paulatinamente se vuelve agresivo)*. Y nos arrastran a las mujeres con ellos, morimos, somos violadas, destruyen nuestras ciudades por su ambición, no tienen más consideración por nosotras que por los hijos o la fama que podamos darles. Mi hermano, Alejandro, hundió Troya por culpa de su sangre caliente y su cobardía; Paris es Paris, ya nadie lo conoce por el nombre que le dieron mis padres. *(Baja el tono)*. Heleno me traicionó… Y tú no eres distinta, Angelina, parte de un ¿harem? ¿Se dice así? ¡Bárbaros! *(Grita, gira un momento la cabeza hacia atrás y suelta aire bruscamente mientras baja el volumen)*. Y ahora estás en camino para ser la sierva de un rey desconocido, como premio por una guerra en la que no ha luchado. Somos iguales, el tiempo pasa, pero no cambia. *(Hace una pausa, mira a su izquierda y se ríe ligeramente)*.

No deberías recurrir al último de los males. No te hará ningún bien. *(Gira la cabeza al frente y se queda callada unos instantes, con la mirada perdida)*. Somos iguales, pero tú aún esperas que todo mejore… No sé cómo lo haces *(pausa)*. Ya te dije que no *(tono serio, sin fuerzas)*. No, en realidad no somos iguales, tú vivirás, te casaras y tendrás hijos…, ya no serás solo una esclava cuando pises el país de tu amo *(empieza a llorar)*. Yo moriré pronto, ya no me queda nadie, salvo mi madre, condenada a un destino peor que la muerte, y Heleno, el único de nosotros que sobrevivirá a pesar de habernos traicionado. *(Se limpia las lágrimas con las manos, con fuerza)*. ¡No quiero morir! Solo quiero vivir tranquilamente, ver a mi familia prosperar y ser felices, ver vuestras historias mezclarse con las suyas… sin preocuparme de un marido, una casa o unos hijos *(solloza para luego volver a limpiarse las lágrimas)*.

¿Lo ves, Angelina? Antes se me llenaba la boca echándoles la culpa de mis problemas a los demás, pero nunca hice nada para solventarlos *(pausa)*. Sí los advertí, pero podría haber intentado algo, matar a Alejandro, coger una lanza y clavarla en el dichoso caballo, tener contento a Loxios y librarme de la maldición… Si los hombres y los hados son crueles, yo no quedo exenta de culpa, la inacción no es mejor. *(Suspira, mira hacia arriba primero y al público después)*.

Una última vez, lo intentaré una última vez, acaso será suficiente. *(Sonríe y mira hacia su izquierda)*.

Prométeme una cosa *(pausa)*.

¡Gracias! *(emocionada)*.

Pronuncia mi nombre en tu tiempo y pásalo a tus hijos.

¡Recuérdame!

Se apaga la luz.

El escenario está oscuro. Al fondo se escuchan voces difusas, cuerdas y
un objeto arrastrado por una superficie grumosa. Aparece un círculo de luz en
medio del escenario iluminando a otra mujer, ANGELINA, con las rodillas contra
el pecho y la cara escondida en ellas, sus hombros se mueven rítmicamente.
Suena de fondo y alejada la voz de CASANDRA, que pronuncia su propio nombre,
lentamente, cinco veces. Cuando suena la última, ANGELINA levanta la cabeza
sorprendida y abre la boca. Se apaga la luz.

Telón

LEONOR DE ALBURQUERQUE

Leonor de Castilla (<u>Leonor Urraca de Castilla</u>, 1374-1435), conocida como "la Rica-hembra", casa con el infante <u>Fernando de Antequera</u>, futuro Fernando I de Aragón, y se convierte, por tanto, en reina de Aragón. Es hija del infante <u>Sancho</u> (octavo hijo extramatrimonial de Alfonso XI y conde de Alburquerque, del que hereda el título) y de Beatriz de Portugal, hermana del rey <u>Fernando I de Portugal.</u>

Es aludida por Alfonso <u>Álvarez de Villasandino</u> en el poema "Muy eçelente persona" (ID1210, PN1-68) del *Cancionero de Baena*:

> Muy eçelente persona,
> dueña de alto poderío,
> digna de cobrar corona
> mucho çedo, en Dios fío,
> yo, el vuestro, quito de brío,
> vengo con grant obedençia
> a fazervos reverençia
> segunt mi pobre atavío.

(En Brian Dutton y Joaquín González Cuenca, eds., *Cancionero de Juan Alfonso de Baena*, Madrid, Visor Libros, 1993, pp. 92-93).

Bibliografía

Mota Plasencia, Carlos (1994), "Unas observaciones sobre Fernando de Antequera en la obra de Villasandino", en M. I. Toro Pascua, coord., *Actas III Congreso de la Asociación Hispánica de Literatura Medieval*, Salamanca, Universidad de Salamanca, vol. 2, pp. 717-724.

Proia, Isabella (2014), "*Siete planetas reales*: el diseño político de Fernando de Antequera en una composición del *Cancionero de Baena* (N.514, ID 1640)", *Revista de Poética Medieval*, 28, pp. 93-118.

76

LEONOR Y NO ALBURQUERQUE

Miryam Lapeña Otero

Personaje

Leonor de Alburquerque

Acto único

Habla Leonor, *rotunda, pero serena, y se dirige a un público formado por el alumnado que asiste a clase.*

Leonor. Buenos días. *(Pausa).* Me llamo Leonor, Leonor de Alburquerque. *(Pausa).* Y, sin quererlo, hoy vais a ser testigos de una confesión, de una revelación importante para mí. *(Mira hacia abajo antes de observar fijamente a los que tiene enfrente).* Vivo en un país libre, como solamente puede ser libre un espíritu de Artemisa. Y ahora soy feliz.

Acabo de deciros mi nombre. *(Pausa. Coge fuerzas y habla con firmeza).* Efectivamente. Soy Leonor de Alburquerque. ¿No os parece extraño? ¿Dónde estamos? ¿No escucháis estos vientos, esta tormenta? ¿Veis estas playas desiertas, plenas de arena extremadamente fina? *(Otra vez rotunda y con tono y ademanes misteriosos).* No, no estamos en Extremadura, sino en el Fin del Mundo, en la Costa da Morte. *(Sigue hablando al auditorio, camina de un lado a otro mientras lo hace).*

Vamos a lo que nos ocupa. Sí, pensáis y pensáis bien, nací en Alburquerque, mal pueblo donde los haya. Allí vine al mundo, crecí y fui educada hace... no recuerdo cuánto tiempo ya *(con tristeza)*, ya no recuerdo. *(Pausa. Intenta hacer memoria).* Vivía con mi familia en una fortaleza. Era un castillo inmenso, rico y ostentoso, el castillo de Luna. Candelabros de plata por todas partes solían iluminar el gran comedor, as olorosas viandas y las paredes repletas de tapices traídos de otro mundo *(enumera)*, de otra tierra, de otro lugar..., acaso también de otros tiempos. A mí *(sonríe y se le ilumina el rostro)* me gustaba tocar el arpa y disfrutaba extrayendo sonidos en acordes menores —siempre en acordes menores— a aquella maravilla de instrumento que habitaba en el salón del trono.

Veréis: un día, mal día donde los haya, me dieron la noticia de que iba a ser desposada con mi sobrino. Yo tenía mis títulos de nobleza, sí, y un castillo, sí, y una escuela que se llamaba como el castillo, IES Castillo de Luna. Además, en aquellos tiempos, yo iba, venía y me las había con cuanta roñosa y cretino compartían conmigo andurriales. Y, en cierto modo, creo recordar que era también feliz. ¿Casarme? *(Enfática)* ¿Yo? ¿Yo, que adoraba escaparme por las murallas del castillo para salir al campo, a la dehesa, al olor a jara, a los imperios de las encinas y de los alcornoques que poblaban mi condado? ¿Yo, que comía perrunillas y magdalenas sacadas del horno escondido de mi tan querida amiga Fefi? Ella bien sabe lo que pasó cuando llegó la petición de mano.

¿Casarme? *(Sentenciosa)* ¡A buenas horas iba yo a consentir en eso! Y menos con aquel adolescente lampiño que me prometían como marido. *(Enfadada solo de pensarlo)*. ¡Ni por todo el oro del mundo! Por cierto... ¿Sabéis cómo me llamaban en el pueblo y hasta en trescientos kilómetros a la redonda, incluso llegando por el este a Madrid y por el oeste a Portugal, al norte a la provincia de Cáceres y al sur a Huelva...? Pues (ahora me da vergüenza confesarlo) me llamaban *(pausa progresiva) la Ricahembra*. Cosas de los mayores. *(Resuelta)*. La verdad es que yo solo reconocía la grandeza de mi estirpe en mi casa, en mi castillo. Nunca me importó, por lo demás, tener más o menos medios para vestirme de sedas o de franelas. Nunca quise llevar tocados ricos e incómodos que se ataban de malas formas a la cabeza. Nunca quise... Nunca quise casarme con aquel adolescente mimado. Ni dejar mi arpa en el trastero. Ni renunciar a los alcornoques... *(Pausa silenciosa, como recordando con nostalgia)*.

Me escapé. Un buen día, o, para ser más exactos, una buena madrugada *(con pasión)*, subí en un autobús rumbo al norte y dejé todo atrás. *(Tensión in crescendo)* Nadie lo supo esa noche, solo mi amiga del horno escondido. Enfilé con todas mis fuerzas hacia la libertad y llegué al lugar desde el que os hablo ahora. Y aquí viví, en el Fin del Mundo, rodeada de playas y agua salada, donde no estaba mi amiga, la que tenía el horno, donde ya no estaba la escuela del castillo de Luna, ni el castillo que me había visto nacer y crecer y huir. *(Pausa)*. Pero estaba yo.

Pasaron unos cuantos años, la verdad es que la memoria me falla y tanto pudieran ser cinco como quince. Echaba de menos mi arpa de tonos menores y las encinas con bellotas..., pero sentía el viento soplar con fuerza en la cara y las aguas torrenciales, que nos obligan a cerrar los ojos mientras un faro les esconde el camino a los veleros y los naufragios sobrevienen. *(Pausa, saboreando el tiempo)*.

Un día lluvioso, como casi todos los que recuerdo, algo cambió *(afectada)*. Inesperadamente, me llegaron noticias del castillo de Luna, de mi familia, de mi padre. Estaba moribundo, así que dispuse todas mis fuerzas para hacer el camino inverso al que había recorrido años atrás.

Compré una docena de claveles blancos para llevar a la ermita, allí donde solía acudir cuando las cosas no tenían remedio. Con las flores en las manos resbalé y caí. Cayó todo: las gafas de ver de cerca, las llaves de casa…, un clavel de los doce se rompió y se separó del ramo. Once claveles blancos. *(Pausa)*. Mi padre había fallecido. *(Silencio)*.

Cuando llegué a Alburquerque era todavía de noche. *(Cierra los ojos y hace memoria)*. ¡Dios mío, qué desastre! El castillo estaba en ruinas y los candelabros ya no eran de plata, los tapices rajados a cuchillo, las cortinas hechas jirones… Allí me aguardaba el cadáver de mi buen padre, velado por mi madre y mi sobrino. El ama de llaves ya no trabajaba en la fortaleza, sino mucho más lejos, y quien fuera mi pretendiente ya tenía bigote y barba. ¡Qué decrepitud, qué decadencia! *(Con nostalgia)*. Los buenos tiempos habían huido. Alburquerque pasó a estar mucho más lejos que antes. El IES del mismo nombre que el castillo había sufrido un incendio irreparable y todas las actas de los últimos años habían desaparecido, tragadas por el fuego. De lo poco que se salvó quedaba un teclado, que vivía en el aula de música, y el aula de tecnología, con sus inventos. Todo lo demás se había esfumado. *(Con ganas de llorar)*. Enterramos a mi padre, besé a mi madre y a Fefi, que allí seguía con su horno, desempolvé y rescaté el arpa, y recorrí una vez más el camino que me llevaba al Fin de Mundo.

Y aquí estoy. *(Solemne)*. Yo, Leonor de Alburquerque, *la Ricahembra* que nunca quiso el dinero y sí vivir entre las mareas vivas y los cementerios de barcos, os anuncia *(alzando la voz progresivamente)* que me quedan pocos meses de vida. Quizás días. Vivo donde elegí vivir, en un pueblo llamado Finisterre, en la costa oeste de Galicia, en el Fin del Mundo, donde naufragan los marineros y el viento lo invade todo con pasión. Me acompañan mi arpa, la galerna y la sal. *(Camina a un lado y otro de la tarima mientras habla)*. Por mi parte, creo que ya estoy lista para partir. Solo quería una cosa vuestra: que me dejéis citar al poeta a quien tantas veces hemos escuchado y de cuya música vive mi alma en los tiempos de tempestad. Os doy, por todo y de antemano, las gracias.

Esta era la incógnita. Así fue mi vida.

Yo no sé lo que es el destino,
caminando fui lo que fui.
Allá Dios que será divino.
Yo me muero como viví.

Telón

MARÍA DE CASTILLA, REINA DE ARAGÓN

María de Castilla (1401-1458) es la primogénita de Enrique III, hermana de Juan II y de Catalina, y esposa de Alfonso V de Aragón. Su participación en la política castellana y aragonesa de su tiempo la convierte en una de las mujeres más relevantes de la época.

Juan Alfonso de Baena se refiere a ella como reina buena y santa en el *Cancionero de Baena*, ID0285, PN1+586, "Para Rey tan exçelente",

> La infante, muy preçiosa
> e suave oliente magna,
> es la noble e soberana
> alta Reina e poderosa,
> tan discreta e tan fermosa,
> que su muy real semblante
> de sanar esto es bastante
> con su vista muy graçiosa.

(En Brian Dutton y Joaquín González Cuenca, eds., *Cancionero de Juan Alfonso de Baena*, Madrid, Visor Libros, 1993, pp. 769-770).

Juan de Tapia, en el *Cancionero de Estúñiga*, alude al desamor que sufre la reina por parte de su esposo, el rey Alfonso de Aragón:

> Que sy Dios vos ha dotada
> de tan alta fermosura.
> ¿qué vale la criatura
> que de todos non es amada?

(En Nicasio Salvador Miguel, ed., *Cancionero de Estúñiga*, Madrid, Alhambra, 1977, p. 376).

Bibliografía

García Herrero, María del Carmen (2015), "María de Castilla, reina de Aragón (1416-1458): la mediación incansable", *E-Spania. Revue électronique d'études hispaniques médiévales*, 20.

Pelaz Flores, Diana (2014), "*A la más virtuossa de las mujeres. La reina María de Aragón (1420-1445)* como impulsora de las letras en la Corona de Castilla", *Hispania*, LXXIV, 247, pp. 331-356.

SOLO MARÍA

Cloe Guigoures Valebona

Personajes

María. Maestra y esposa de un empresario.
Benedicto. Cura. Ofició su boda y ahora escucha sus confesiones (no habla)

Acto único

Espacio interior de una iglesia. Luz tenue que ilumina solo desde el fondo del escenario. En el centro hay un confesionario de madera. El material parece viejo y el barniz que lo cubre ya no es uniforme. Detrás de las rejillas se deduce la figura de Benedicto. María *entra por la derecha del espectador. Se dirige a una silla situada a la derecha del confesionario. Se sienta y se escucha el crujido de la madera vieja. Silencio absoluto hasta que comienza a hablar.*

María. Jesús, Hijo de Dios, ten misericordia de mí, que soy pecadora. Hoy, 7 de enero de 1921, hace once meses que no me confieso. Padre Benedicto, bien sabe que me he desviado del camino de Dios. Pido disculpas a usted y a mi madre, que en paz descanse. Me han educado desde niña para ser una buena cristiana, una buena persona... *(hace una pausa y suspira)* y una buena esposa.

Ayer vi las fotos de nuestra boda. Recuerdo lo contenta que estaba mi madre, mi padre había encontrado un buen marido para mí *(baja la voz un poco y se mira las manos mientras juega con ellas).* Yo también era muy feliz, todo para lo que había sido criada estaba cada vez más cerca. Ojalá mi padre hubiera estado allí, conmigo *(se acomoda nerviosa antes de continuar).* Noto también la ausencia de mi querida madre cada día, la mujer más sabia que jamás he conocido. Ella me enseñó a ser fuerte, me enseñó la justicia y la piedad, me enseñó a vivir amando a Dios. ¡Y esa fe me ha ayudado a superar tantas cosas...! Nunca me lamenté por mi débil salud. Nunca me importó que Alfonso no estuviera. Nunca reproché sus aventuras con otras mujeres durante sus viajes. Esperé siempre, pacientemente, su regreso para que su hogar fuese tan acogedor como de costumbre. Incluso acepté la muerte de mi madre con entereza. No obstante, hace ya un año... *(se le entrecorta la voz),* hace ya un año que mi médico me dijo que nunca podré engendrar un hijo. Juro *(su voz es cada vez más llorosa)*, juro que siempre he intentado seguir las enseñanzas de mi madre, el camino correcto. Pero a Alfonso ni siquiera le importó lo suficiente para quedarse conmigo esta vez. Su trabajo siempre ha sido más importante que yo y yo siempre he sabido entenderlo, pero esa noticia rompió mis sueños, mis aspiraciones y mis posibilidades. Supongo que otra mujer le dará los hijos que yo no puedo, por eso no le duele tanto como a mí. Todo por lo que siempre he luchado se ha desvanecido. Mis niños en clase eran mi esperanza. La idea de que alguna vez yo tendría un hijo hacía que todo lo malo valiese la pena. Ahora estoy sola, más sola que nunca. Mis padres ya están con Dios, mi querido hermano sigue viviendo en la casa en la que nos criamos y mi hermanita hace ya tiempo que encontró la felicidad con una nueva familia. Ahora, el trabajo que tanto adoraba me recuerda cada día que mi mayor sueño nunca dejará de ser eso, un simple sueño. (MARÍA *saca un pañuelo y se seca las lágrimas. Mantiene una posición más erguida y carraspea para recomponer su voz).* Y sí, al principio culpé a Dios, me alejé de él y me refugié en mí misma. En mí y en él... Álvaro... Mi mayor error y mi mayor pecado. No hace falta que diga quién es, nos conoce a todos, todos acudimos a usted... Y nosotros no hemos sido capaces de corresponderle. Nada puede justificar mis actos, caí en la tentación más indigna. Encontré consuelo en el calor de unos brazos ajenos a mi matrimonio. Su afecto y su comprensión fueron la manzana envenenada, la voz del diablo llamándome al pecado. ¿Qué diría mi Alfonso si conociese la verdadera naturaleza de su amigo y de su esposa? ¿Qué diría mi madre? *(Niega con la cabeza enérgicamente).* Prefiero no pensarlo.

(Saca una nota de su bolsillo y la desdobla para leerla). "Mi querida María, ¿Has pensado ya en lo que te dije? No nos queda mucho tiempo. Desearía más que nada en este mundo que dijeras que sí. Con mucho amor, Álvaro".

*(*MARÍA *se ríe en voz baja mientras vuelve a guardar la carta).* Hace unos días Álvaro me contó que se va a vivir a Argentina y no va a volver. Me propuso ir con él, esa es la respuesta que espera. Lo que más lamento es que realmente pensé en decirle que sí. Sentía que mi vida se había convertido en una prisión que me oprimía, cuatro paredes de cristal que no me permitían salir, pero que me mostraban el mundo, las vidas de aquellos que sí disfrutaban de la libertad. Álvaro fue el único capaz de perforar el cristal y dejarme salir. Al menos eso pensaba. Ahora me he dado cuenta de que esa prisión la he creado yo, me encerré en mí misma cuando le di la espalda a Dios. Álvaro solo es una falsa libertad, la misma libertad que ofrece el pecado. Mi verdadera esperanza es seguir el camino que dictó mi madre, el camino de la fe. Ya le he dicho que no iré con él, mi deber es con mi matrimonio, ahora más que nunca.

*(*MARÍA *agacha la cabeza y se toca el pelo, nerviosa).* Me ha costado más que nunca venir hoy aquí porque le he fallado a usted, a mi madre y a Dios. La vergüenza sigue carcomiéndome por dentro y siempre lo hará. Sé que nunca se me absolverá de mi

pecado y la vergüenza será el recordatorio para mi arrepentimiento. Mi verdadera felicidad se encuentra en mi amor a Dios, que es perpetuo y poderoso, y no en una aventura fútil y carnal. Prometo desde hoy no volver a desviarme del camino sagrado. Frente a usted le juré lealtad y fidelidad a mi esposo y ante usted vuelvo a jurar que a partir de ahora así será, pues mi fe se ha reforzado aún más. Por fin he comprendido que los designios que marca el Señor no son una maldición. Si él ha decidido que no tendré hijos es porque sus planes para mí son otros y aquello que me mande lo aceptaré.

(MARÍA *se levanta de la silla y se arrodilla frente al confesionario, de espaldas al público*). Tened misericordia. Amén.

Telón

JUANA MANUEL, REINA DE CASTILLA

Juana Manuel, señora de Villena, es hija de don Juan Manuel (1339-1381) y esposa de Enrique II. Se desposa con Enrique de Trastámara en 1350, cuando tenía alrededor de once años. Acompaña a su marido en los avatares bélicos contra el bando petrista y colabora activamente en las campañas militares que, tras los hechos de Montiel, buscan acabar con los reductos afines a la legitimidad que representaba Pedro I.

En el *Cancionero de Baena* evocan su figura:

— Pero Ferruz. ID1435, PN1-304, "Don Enrique fue mi nombre" (BDTEA).

— Alfonso Álvarez de Villasandino. ID0513, PN1 52, "Mi nombre fue don Enrique" (BDTEA); ID1195, PN1-53, "Reina doña Juana, atal fue mi nombre" (BDTEA):

> Reyna doña Juana, atal fue mj nombre,
> fija del noble don Juan Manuel,
> muger del más alto e más gentil ombre
> que ovo en el mundo en su tiempo d'él,
> Rey don Enrique, christiano fiel,
> Franco, esforçado, djscreto, onrador,
> cathólico puro, grand conquistador,
> con muchas proezas que Dios puso en él.
> Contar non podría en tal breve estoria
> los grandes trabajos que en uno passamos,
> buscando los otros de la vanagloria
> del mundo cabtivo que desamparamos;
> en muy breve tiempo tan mucho afanamos,

él por su esfuerço e yo con buena arte,
que en las grandes pompas ovimos tal parte,
tanto que a España toda sojudgamos.

(En Brian Dutton y Joaquín González Cuenca, eds., *Cancionero de Juan Alfonso de Baena*, Madrid, Visor Libros, 1993, pp. 74-75).

Bibliografía

Moya García, Cristina (2003), "La reina Juana Manuel en el *Cancionero de Baena*", en J. L. Serrano, ed., *Cancioneros en Baena. Actas del II Congreso Internacional* Cancionero de Baena, Baena, Ayuntamiento de Baena, pp. 283-292.

Moya García, Cristina (2022), "Juana Manuel y la legitimación de la dinastía de los Trastámara en el *Cancionero de Baena* (ss. XIV-XV)", en A. J. Calvo Maturana *et al.*, eds., *Fuentes para el estudio de la historia de las mujeres*, Sevilla, Comares, pp. 189-192.

LA NEGOCIADORA

José Troncoso Recio

Personajes

Joanna Mary Clemens de Smith & Wesson
Chico de los recados (no habla)

Acto único

Interior. De día. Una habitación amplia, de madera. A la izquierda (del espectador), un escritorio y, encima, una lámpara de petróleo, algunas hojas, una pluma y un tintero. En la pared del fondo se ve una ventana con los cristales rotos. Hacia la derecha, algunas cajas viejas de madera y papeles por el suelo y, en primer plano, una vieja imprenta de tipos móviles. Es una redacción de periódico de un pequeño pueblo del interior de los Estados Unidos.

En una silla antigua de oficina, con ruedas, también de madera, y ante el escritorio, está sentada Joanna Mary. Viste botas sucias de vaquero, pantalón bastante gastado de rayas y color indefinido, abrigo de piel de animal con flecos en las mangas y un pañuelo al cuello.

Por debajo del abrigo asoma el cañón de un revólver colgado al cinto. Se abre el telón. Se escucha durante unos breves segundos una música de piano de bar del oeste que finaliza con una campanada a lo Ennio Morricone. Joanna apoya un codo sobre el escritorio, deja el revólver humeante encima de la mesa y toma la pluma para comenzar a escribir. Al tiempo que escribe, se dicta a sí misma en voz alta.

Joanna. "Querido Henry, acabo de llegar a la ciudad y me han dicho que acababas de salir en expedición para tratar de resolver ese problemilla de lindes con tu medio primo Peter. Quiero decirte que no te preocupes por nada. He estado pensando en un trato que será bueno para ambos. Tú deja la negociación en mis manos, que todo irá bien. Sé que me dijiste que no hacía falta que me implicara, pero tengo un plan que no puede fallar. Ya ves que he llegado a la ciudad sin el menor problema y en el periódico local ya me siento plenamente apoyada. Besos. Te quiere tu mujer, Joanna".

Termina de escribir la carta, la dobla y la deja a un lado de la mesa. Coge otra hoja y comienza a escribir de nuevo, dictándose en voz alta el texto que redacta.

"Estimado señor Peters, espero que al recibo de la presente se encuentre con buena salud y dispuesto al movimiento y al diálogo. Pero será mejor que comience presentándome: mi nombre es Joanna Mary Clemens de Smith & Wesson. Quizás me conozca, o haya oído hablar de mi padre. Pero le escribo en calidad de esposa de su familiar Henry Smith II. Puede ser que no tuviera usted noticias del matrimonio de Henry, pero, en efecto, él es ya un hombre felizmente casado, presto para fundar una familia y conocer a su mujer, a mí. La boda se realizó por poderes hace ahora seis semanas en el ayuntamiento de Bull City. El motivo de escribirle esta carta es para no enviar a por su cabellera sin aviso previo". No, no... eso no, mmh..., "es por deferencia hacia su madre, Mrs. Mary, a quien tuve ocasión de tratar en Boston. Por ella escribo esta misiva, para solicitar de usted, por su honor y su grado de parentesco, si bien lejano, con mi marido, que tenga a bien abandonar a la mayor brevedad posible la parte del rancho de Pomarada que desde hace un tiempo está ocupando de manera ilegítima con sus reses y sus hombres. Como bien sabe, la totalidad de esas tierras pertenecen a los Smith & Wesson desde hace al menos siete años, por lo que su derecho sobre ellas es claro y manifiesto. Por nuestra parte, proponemos, como muestra de buena voluntad, cederle nuestros derechos de paso y acceso al agua para las reses situados más al oeste, cerca de Titusville y Arcos de Valdevez Town, atravesando el río de Oil Creek. En espera de su afirmativa respuesta, se despide atentamente..."

Para de escribir y se recuesta un poco en la silla.

No sé, no sé si estaré siendo demasiado generosa con este tipo. Es cierto que las familias nos conocemos, que son parientes de mi esposo y que su madre es realmente simpática y hace unos pasteles de Belem fantásticos... Pero no sé yo si el hijo es de fiar, me da en la nariz que no mucho. ¿Estará dispuesto a aceptar el trato? Y aún después, ¿a cumplirlo? Si dice que sí, acepta y después no cumple con su palabra... ¡Eso sería una declaración de guerra en toda regla! ¡Buena se iba a armar! ¡Más le vale que no se le ocurra jugar con eso! ¿O si a lo mejor le parece poco y no acepta el trato? Puf, en estos momentos de dudas me gustaría tener a mano alguno de esos dichosos relatos tan famosos de mi padre, para ver si hay algún consejo que pudiera servirme de ayuda.

Por otro lado, también es cierto que parte de los terrenos que le he ofrecido son poco practicables por el lago ese asqueroso de líquido negro y pegajoso que me han comentado que no hace más que estorbar, aunque para hacer fuego parece ser bastante útil. Aceite de roca creo que lo llaman. Bueno, obviaré ese punto porque realmente los terrenos de paso y el acceso al agua son más que suficiente pago por las tierras que reclama el bueno de Henry aquí. Sí, serán abundantes para el pasto de las reses y darán cosechas fértiles.

Coge el revólver y pega dos tiros al aire. Llama al CHICO *de los recados. Aparece un muchacho descalzo y desharrapado por la derecha, que llega hasta el escritorio con cara de susto; lleva un fardo de periódicos bajo el brazo y se va corriendo con las cartas para el correo.*

¡Chico! Lleva esto inmediatamente al correo. Muchas gracias.

El chico deja el fardo de periódicos en el suelo y se va corriendo con las cartas para el correo. JOANNA, *con aire distraído, coge un periódico y se pone a hojearlo. De repente, encuentra una noticia a la que presta atención, abre mucho los ojos, mientras hace un gesto de sorpresa con la cara. Bisbisea entre dientes la noticia que lee.*

Descubierto uso para el aceite de roca, bla, bla, bla, comienza la fiebre del oro negro, bla, bla, bla. *(Al fin, grita).* ¡Chicooo! ¡Chicooo, vuelve aquí!

Vuelve a disparar al aire. Mientras espera a que vuelva, toma la pluma de nuevo y empieza a escribir otra vez.

Primero, carta para Henry. No, mejor telegrama urgente: "¡Henry! Tengo la solución. No hagas nada. Esta vez sí que valen para algo las tierras de Arcos de Valdevez Town. Solo hace falta que el correo llegue antes que el periódico al rancho de Peters".

Ahora, carta para Mr. Peters: "Señor Peters, se impone llegar a un acuerdo y finalizar esta guerra familiar que ya dura demasiados años. Seamos capaces de convivir ordenadamente y en paz, repartiendo este precioso y fértil rancho, del que os cedemos las dos terceras partes, comprometiéndonos a dejaros vivir aquí tranquilos. Nos retiramos en paz hacia nuestras zonas de paso de agua del oeste, donde viviremos quizá más apartados y sacrificados, pero es un precio pequeño por lograr al fin la paz y la armonía. Suya afectísima, Mrs. Clemens de Smith & Wesson".

(Vuelve a gritar) ¡Chicooo! ¡Pero dónde se habrá metido este muchacho ahora! ¡Tendré que ir yo misma hasta la posta del correo!

Música de piano de salón del oeste mientras baja el telón.

Telón

Bibliografía

Álvarez Ledo, Sandra (2013), «Tópicos y circunstancias en una disputa amorosa del *Cancionero de Baena*", en M. Brea *et al.*, eds., *Parodia y debate metaliterarios en la Edad Media*, Alessandria, Edizioni dell'Orso, pp. 367-377.

Álvarez Ledo, Sandra (2022), "Fray Lope del Monte en el entorno literario del monasterio de San Clemente de Sevilla", en A. Chas Aguión, ed., *Corte y poesía en tiempos de los primeros Trastámara castellanos: lecturas y relecturas*, Berlín, Peter Lang, 2022, pp. 73-90.

Caravaggi, Giovanni (1969), "Villasandino et les derniers troubadours de Castille", en *Cahiers de Civilisation Médiévale. Mélanges offerts à Rita Lejeune*, 1, Gembloux, Éditions J. Duculot, pp. 395-421.

Carceller Cerviño, María del Pilar y Óscar Villarroel González (2021), *Catalina de Lancaster: una reina y el poder*, Madrid, Sílex.

Chas Aguión, Antonio (2008), "*A vezes me veo en tierras de Ungría*. Tras las huellas de las embajadas castellanas a Oriente en los inicios de la poesía de cancionero", *Il Confronto letterario*, 50, pp. II-XXV.

Chas Aguión, Antonio (2017), "Juan de Guzmán, el Póstumo, en el *Cancionero de Baena*", *Revista de Filología Española*, 97-2, pp. 315-338.

Chas Aguión, Antonio (2018), "Diego y Gonzalo Martínez de Medina. Escollos biográficos", en A. Chas Aguión, ed., *Escritura y reescrituras en el entorno literario del* Cancionero de Baena, Berlín, Peter Lang, pp. 75-91.

Chas Aguión, Antonio (2022), "Enrique III de Castilla, Catalina de Lancaster y su tiempo en su contexto poético y en la literatura española posterior", en A. Chas Aguión, ed., *Corte y poesía en tiempos de los primeros Trastámara castellanos*, Berlín, Peter Lang, pp. 9-15.

Dutton, Brian y Joaquín González Cuenca (1993), eds., *Cancionero de Juan Alfonso de Baena*, Madrid, Visor Libros

García Herrero, María del Carmen (2015), "María de Castilla, reina de Aragón (1416-1458): la mediación incansable", *E-Spania. Revue électronique d'études hispaniques médiévales*, 20.

Mota Palencia, Carlos (1992), *La obra poética de Alfonso Álvarez Villasandino*, Barcelona, Universidad Autónoma de Barcelona.

Mota Plasencia, Carlos (1994), "Unas observaciones sobre Fernando de Antequera en la obra de Villasandino", en M. I. Toro Pascua, coord., *Actas III Congreso de la Asociación Hispánica de Literatura Medieval*, Salamanca, Universidad, vol. 2, pp. 717-724.

Moya García, Cristina (2003), "La reina Juana Manuel en el *Cancionero de Baena*", en J. L. Serrano, ed., *Cancioneros en Baena. Actas del II Congreso Internacional* Cancionero de Baena, Baena, Ayuntamiento de Baena, pp. 283-292.

Moya García, Cristina (2022), "Juana Manuel y la legitimación de la dinastía de los Trastámara en el *Cancionero de Baena* (ss. XIV-XV)", en A. J. Calvo Maturana *et al.*, eds., *Fuentes para el estudio de la historia de las mujeres*, Sevilla, Comares, pp. 189-192.

Parrilla, Carmen (2003), "La obra poética de Garci Fernández de Gerena", en J. L. Serrano Reyes, ed., *Actas II Congreso Internacional* Cancionero de Baena *in memoriam Manuel Alvar*, Baena, Ayuntamiento y Delegación de Cultura, vol. 1, pp. 119-142.

Pelaz Flores, Diana (2014), "*A la más virtuossa de las mujeres. La reina María de Aragón (1420-1445) como impulsora de las letras en la Corona de Castilla*", *Hispania*, LXXIV, 247, pp. 331-356.

Perea Rodríguez, Óscar (2020), #DíaDeLasEscritoras: Isabel González, la más desconocida poeta en los cancioneros castellanos medievales. https://opr71.hypotheses.org/630

Proia, Isabella (2014), "*Siete planetas reales: el diseño político de Fernando de Antequera en una composición del Cancionero de Baena (N.514, ID 1640)*", *Revista de Poética Medieval*, 28, pp. 93-118.

Toole Kahane, Renée y María Rosa Lida de Malkiel (1960), "Doña Angelina de Grecia", *Nueva Revista de Filología Hispánica*, 14-1,2, pp. 89-97.

Whetnall, Jane (1992), "Isabel González of the *Cancionero de Baena* and Other Lost Voices", *La Corónica*, 21-1, pp. 59-83.

Zinato, Andrea (2001), "Auctoritates y poesía: el 'Cancionero' de Fernán Pérez de Guzmán", en J. I. Pérez Pascual, P. Botta y C. Parrilla, eds., *Canzonieri Iberici*, vol. 2, pp. 215-230.

Zinato, Andrea (2015), "Poesías y estorias: Fernán Pérez de Guzmán", en M. Haro Cortés, ed., *Literatura y ficción: estorias, aventuras y poesía en la Edad Media"*, Valencia, Universidad de Valencia, vol. 2, pp. 775-791.

NI POCAS NI COBARDES EN LA LITERATURA ACTUAL

Estos son algunos títulos que protagonizan, en el siglo XXI, las mismas mujeres a las que dan voz los monólogos de este volumen.

Álvarez, María Teresa. *Catalina de Lancaster. Primera Princesa de Asturias*, Madrid, La Esfera de los libros, 2009.

> Novela. "En 1838, Castilla contraen matrimonio dos jóvenes príncipes: Catalina de Lancaster y Enrique de Trastámara. Su unión sellará la paz entre dos familias rivales. Ella es depositaria de la legitimidad de la corona, él, es el heredero de los Trastámara, la rama bastarda que arrebató el trono al abuelo de Catalina. Su regalo de bodas será muy especial: un título nobiliario que los convertirá en los primeros Príncipes de Asturias. En esta novela intimista y apasionante, Catalina rememora sus años de matrimonio, las turbulencias políticas, su solitaria viudedad y su lucha para conseguir que nadie arrebatara el trono a su hijo". (La Esfera de los Libros).

> Personajes principales: Catalina de Lancaster. María de Castilla, reina de Aragón. Infanta Catalina. Leonor de Alburquerque. Leonor López de Córdoba. Inés de Torres. María de Albornoz.

Bellido Bello, Juan Félix. *Leonor y la tumba escondida*, Cádiz, Presea, 2012, con ilustraciones de Ángeles Aliaño Salado.

> Novela. "Pocos la conocen, su tumba está escondida en una iglesia cordobesa pero su recuerdo se ha perdido. Una niña, Rafaela, va a descubrir, de la mano de su vecina Carmen, los avatares de esta escritora del siglo XIV. Leonor López de Córdoba fue la primera autora de una biografía. A través de este relato, ilustrado de forma sugestiva y atrayente, se van desvelando sus grandes secretos hasta su desenlace final. Los avatares de su vida nos

conducen por el fascinante mundo andaluz en una época de intrigas, controvertidas lealtades y retos y dificultades extremas" (Ediciones Presea).

Personajes principales: Leonor López de Córdoba. Catalina de Lancaster.

Cifuentes, Paula. *Tiempo de bastardos,* Madrid, Ediciones Martínez Roca, 2007.

Novela. "Beatriz de Portugal —hija de Pedro I y de Inés de Castro–, tras la prematura muerte de sus dos hermanos mayores, se verá obligada a vivir una existencia vertiginosa, ya que se convertirá en el centro de las disputas de los reinos de Castilla y Portugal. Presenciará los secretos de una monarquía en pleno cambio, donde la ley se trastoca y la religión es partidista, y donde el único afán es conquistar el poder a cualquier precio. Solo cuando Beatriz acepte que es como todos los que la rodean, podrá entender por qué alguien muy cercano pretende asesinarla" (Ediciones Martínez Roca).

Personajes principales: Beatriz de Portugal. Leonor de Alburquerque. Leonor de Castilla. Inés de Castro.

De Paz, Montse. *La reina fiel,* Barcelona, Edhasa, 2019.

Novela. "Alfonso V, conocido como *el Magnánimo,* tiene un sueño: recuperar las conquistas mediterráneas de sus antecesores en la corona de Aragón [...]. Entretanto, todo el poder de sus reinos, Aragón, Valencia y Mallorca, y de un poderoso principado, Cataluña, recaerá en ella: María de Trastámara, reina de Aragón y condesa de Barcelona. Inteligente, culta y amante de la paz, emerge como un personaje firme y conciliador, *el otro cuerpo del rey,* en quien Alfonso deposita toda su confianza... pero no su amor. Gobernará con energía y diplomacia, capeando guerras, revueltas sociales y pugnas de familia, siempre fiel a la voluntad de su esposo; siempre, también, esperando su retorno" (Edhasa).

Personajes principales: María de Castilla, reina de Aragón. Catalina de Lancaster, reina de Castilla. Catalina, infanta de Castilla. Leonor de Alburquerque, reina de Aragón. María de Aragón, reina de Castilla. Leonor de Aragón, reina de Castilla. Leonor López de Córdoba. Inés de Torres.

Díez Barrio, Germán. *El gabán del rey,* Madrid, CCS, 2005.

Teatro. Publicada por la editorial madrileña CCS, en la serie de teatro infantil y juvenil *Galería del Unicornio,* es una pieza destinada a un público a partir de quince años. El gabán del rey es un texto histórico, una reescritura de la leyenda del gabán de Enrique III, "que mezcla realismo con esperpento y comicidad" (Díez Barrio 2005: 4) y en la que se realiza una aguda crítica a la corrupción moral y al abuso de poder en detrimento de los más débiles.

Personajes principales: doña Catalina, reina de Castilla.

Márquez de la Plata, Vicenta. *La valida*, Madrid, Algaida, 2009.

Novela. "Doña Leonor López de Córdoba, hija del maestre de Calatrava y ahijada de la infanta doña Constanza, vivió desde su nacimiento con el rey de Castilla, don Pedro el Cruel, y su familia, gozando de los mismos privilegios. Al morir el rey, asesinado por su hermano bastardo Enrique de Trastámara, toda la familia de Leonor cayó en desgracia: su padre muere de la manera más deshonrosa, y ella, su hermano y su marido son encarcelados en las Atarazanas de Sevilla. Al ser liberada restauró su patrimonio y desde la nada subió a lo más alto del poder en la Corte, llegando a convertirse en la primera valida de la historia, y en uno de los grandes personajes de la Edad Media, conservándose un libro de memorias donde contaba todos los hechos que en esta novela se narran" (Editorial Algaida).

Personajes principales: Leonor López de Córdoba. Leonor de Aragón, reina de Castilla. Catalina de Lancaster. Infanta María, reina de Aragón. Leonor de Alburquerque.

Más, Javier. *La reina de espadas*. Córdoba, Almuzara, 2021.

Novela. "España, 1448. Dos mujeres luchan por el poder en la corona de Castilla. La reina Isabel de Portugal, madre de la futura Isabel la Católica, y la condesa de Montalbán, doña Juana Pimentel. Ambas se enfrentarán en una lucha sin piedad para poseer la Lobera, la mítica y misteriosa espada de Fernando III que reposa en Sevilla, cuyo poder puede dar la victoria definitiva. Entre ellas avanza la construcción de la catedral de Sevilla. La muerte del maestro de obras y del arzobispo traerá a escena a la reina de la corona de Aragón, María de Trastámara, cuya injerencia puede desequilibrar la batalla en Castilla y establecer un nuevo mapa peninsular" (Almuzara).

Personajes principales: Isabel de Portugal, reina de Castilla; María de Castilla, reina de Aragón; Juana Pimentel; Isabel de Ribera.

Más, Javier. *María de Castilla*, Madrid, Ediciones Áltera, 2019.

Novela. "María de Castilla es uno de los personajes más rotundos y, al mismo tiempo, más olvidados de la Historia de España. Soportó, en solitario, todo el peso de la Corona de Aragón y sentó las bases definitivas para su unión con la pujante Castilla. Su gobierno heredó al último de los papas de Aviñón: el papa Luna (Benedicto XIII), lo que le llevó a liderar una guerra feroz contra Roma. Una pugna olvidada en la que dos reliquias —las más importantes de la cristiandad— se convierten en protagonistas de asesinatos, guerras, espionaje y amor mientras Europa dejaba atrás la Edad Media. Un thriller trepidante en el que María de Trastámara tiene como aliados a los herederos de los Templarios y a la Orden de la Luna. Un secreto que el papa de

Roma tratará de ocultar mientras la supremacía de occidente se encuentre en juego" (Áltera).

Personajes principales: María de Castilla, reina de Aragón. Catalina, infanta de Castilla.

Queralt del Hierro, María Pilar. *Leonor*, **Madrid, Martínez Roca, 2007.**

Novela. "Leonor, esposa de Fernando I el Hermoso, fue un personaje enigmático. Para unos, una mujer intrigante y adúltera; para otros, la culpable de la crisis política y económica por la que atravesó Portugal en el siglo XIV. Pero lo cierto es que, bella, ambiciosa e inteligente, Leonor fue, simplemente, una mujer libre y decidida que, en muchos aspectos, se adelantó a su tiempo. Su vida se irá desgranando, en las páginas de esta novela, entre amores y desamores, pasión y muerte, en una trama a la que ni el mismo diablo será ajeno. Una historia que implica por igual a Portugal y a Castilla" (Martínez Roca).

Personaje principal: Leonor Teles de Meneses. Secundarios: Juana Manuel, reina de Castilla; María de Portugal, reina de Castilla.

AUTORES Y AUTORAS

- Alba María Gallego Pérez
- Ana Laura Puentes Ferrín
- Cloe Guigoures Valebona
- Daniel Eireos Quinteiro
- Enzo Sarmiento Soto
- Francisco Alfaro Mora
- Isabella Valentina Díaz Blanco
- José Troncoso Recio
- Lucía Álvarez Martínez
- María Sonia Cruz Pérez
- María Vila Tarela
- Miryam Lapeña Otero

NC-T-17